讲台，孩子和我

张小红 著

中原出版传媒集团
中原传媒股份公司

大象出版社
·郑州·

图书在版编目(CIP)数据

讲台,孩子和我 / 张小红著.— 郑州：大象出版社,2017.9(2018.3重印)
ISBN 978-7-5347-9515-2

Ⅰ.①讲… Ⅱ.①张… Ⅲ.①教育—文集 Ⅳ.①G4-53

中国版本图书馆 CIP 数据核字(2017)第 218474 号

讲台,孩子和我

JIANGTAI,HAIZI HE WO

张小红　著

出 版 人	王刘纯
责任编辑	梁金蓝
责任校对	毛　路　马　宁
装帧设计	王　敏

出版发行　**大象出版社**(郑州市开元路16号　邮政编码450044)
　　　　　发行科　0371-63863551　总编室　0371-65597936
网　　址　www.daxiang.cn
印　　刷　洛阳和众印刷有限公司
经　　销　各地新华书店经销
开　　本　787mm×1092mm　1/16
印　　张　10.75
字　　数　141千字
版　　次　2017年9月第1版　2018年3月第2次印刷
定　　价　25.00元
若发现印、装质量问题,影响阅读,请与承印厂联系调换。
印厂地址　洛阳市高新区丰华路三号
邮政编码　471003　　　　电话　0379-64606268

做一粒坚韧的种子（代序）

拿到小红沉甸甸的书稿，细细品味字里行间所散发的芬芳，往日的画面如雨后春笋，钻出地面……这就是语言文字的魅力吧！若干年前，我与小红约定：合适的时候，为她出一本文集。她需要做的就是记录、积淀、成长……今天，这个约定终于实现——一位普通小学教师的工作与生活故事，正如弥漫着墨香、透着灵性光芒的画卷，缓缓打开。细细品味，这些细碎的故事里，一粒坚韧的种子正发芽、扎根、挺拔！

2009年，洛龙区第二实验小学正处于快速发展阶段，急缺有经验的教师。于是，那年夏天，她辞去了中专的代课职位，走进小学，担起三年级一个班的数学教学及班主任工作。清楚地记得开学第一天，她带领孩子们在操场进行队形队列练习，我见到她问起感觉如何，她痛苦地告诉我："昨天在中专教的还是十几岁的学生，今天却成了八九岁的孩子，这落差实在太大，弄得自己都不知道该怎样与孩子交流，看同事们管理班级都那么得心应手，而自己嗓子都喊破了，咋没效果呢？"

看她痛苦的样子，我赶紧鼓励她："十几岁的学生你都能管理得那么好，面对这群单纯的孩子，你也一定能找到好方法。我相信你能行！"听我这么一说，她紧皱的眉头舒展开来，嘴角微微上翘。一天的工作终于落下帷幕，我再次见到她时,她笑着跟我说:"赏识教育对小孩子太有用了,适时表扬比一味地吆喝可管用得多。"一天时间,她便顺利进入小学老师的角色!我不由得朝她竖起大拇指!

有生命力的种子绝不会悲观和叹气,因为有了阻力才有磨炼。如若内心种下的是小草的种子,虽然也可以活得自在,也可以一岁一枯荣,但是永远渺小地随风摇曳。工作中的坚韧,生活中的乐观,做事的严谨,做人的大度,等等,让我相信,小红是一粒大树的种子。

没有上过一天师范学校,她就自学拿到教育类专科文凭、普通话等级合格证、教师资格证……教学上她兢兢业业、勤学苦练。为了提高个人素质,她把自己定位成一个学生,每天坚持听同学科老师的课,《精彩课堂实录》成了她最爱的书……凭着这份对教学的热爱,凭着这份对业务的精益求精,学校决定让她接手六年级毕业班。

听到这个消息,小红第一时间给我发来短信:"校长,我行吗?"我还是那句话:"我相信你能行!""我相信你能行"不仅是对她的激励,更是对她的鞭策。为了开学后能顺利完成重任,她利用一个暑假不仅学完了六年级全册数学教材,还钻研了六年级的《举一反三》。正是她勤奋的工作态度、积极的工作方式,使她所教的班取得了全区教学质量检测第一名的好成绩。为了学校的发展,学校决定让她继续留任六年级,把握教学方向,引领同科老师教学。她的回答依然是:"服从学校安排。"就这样,她不仅创造了连续三年留任六年级的纪录,而且创造了班级54名学生中32名数学成绩达到100分,平均分超过96分的佳绩……这是何等的难得!

小红正像一粒大树的种子,迅速扎根于三尺讲台,向着心中那棵参天大树,努力拔节生长。她事无巨细,敢想,敢做,敢担当;她教学功底愈发深厚有效,班级管理愈发智慧从容。因为用心,因为深入,因为思索,更因为付出,小红逐渐成为处处散发自信光芒的优秀教师。"女神"的称号也逐渐在师生间传扬开来。

一粒坚韧的种子，只要发芽、扎根，就一定执着生长，永不退缩。正因为潜心植根，才有了高大挺拔。所以，我觉得小红被称为"女神"，除了她优异的教学成绩，还有她智慧的工作方法，更有她深入骨髓的坚韧。这份韧劲儿，不仅使她的课堂教学有效果，班级管理系统化，更使她笔耕不辍，勤于积累。

我一直要求我的老师们：身为老师不仅要会做，还要会讲，更要会写。还记得她刚到学校，面对学校教师常规工作之一的教学札记时那一脸愁容。每到月底，她咬着笔杆，写些豆腐块，红着脸，交给我批阅。我忍不住开玩笑："真应该让你教语文去！""你是语文老师里珠心算教得最好的！那我就做一个数学老师中文章写得最好的！"我们相视一笑，因为我们相信，只要有坚强的毅力、执着的精神，成功的道路定会一马平川。

读书、写作、修改、投稿成了她生活的一部分：网站上，《我愿做一棵苹果树》《我的新生系列之作》等作品被网友给予极高的评价；《包在饺子里的情感》《菜饺》《一棵核桃树》《豆沙糕》等十几篇美文在《洛阳晚报》刊登；《希望》是小红完成的第一部小说，我是第一位读者；另一部记录女儿成长历程的小说《宝儿》还在继续创作中……六年来，近千篇的文字记录，不仅使她的心灵得以满足，更使她变得成熟稳重。细细品读她的文字，或朴实无华，或雅致清新，或轻松幽默，或气势磅礴……处处显现着平凡却鲜活的生活气息。成功源于坚持，而绝非运气！

人生的意义何在？把自己当作一粒坚韧的种子，不在意一时的荣辱，不纠结于一时的得失，埋头汲取，必能成为大树。小红就是这样一粒种子！我们再次约定：不久的将来，再出一本书，更全面地展现她幸福工作、快乐生活的平凡与伟大，让更多的普通人能坚信自己，在内心播种一粒坚韧的种子！

北京第二实验小学洛阳分校校长　张胜辉

目录

师情话忆 ... 1
- 开学第一天 ... 3
- 好声音，为何听不到 ... 5
- 飞龙的腾飞 ... 7
- 一封来自知心姐姐的回信 ... 9
- 爱笑的女孩儿不会差 ... 11
- 一个"没想法"的女孩儿 ... 14
- 善良的文文 ... 18
- 一顿饭，一段情 ... 20
- 特别的爱给特别的他 ... 23

敬畏生命 ... 27
- 梳理班规 ... 29
- 你问，我…… ... 31
- 知心姐姐幸福记 ... 33
- 吃橘子 ... 35
- 五十元人民币 ... 37
- 走近孩子从倾听开始 ... 39
- 为孩子撑起一片天 ... 41
- 梳小辫 ... 44

磨砺中成长　　　　　　　　　　45
　　真诚铸就永恒之爱　　　　　　48
　　重返母校　　　　　　　　　　51

真情沟通　　　　　　　　　　　53
　　"书"写人生　　　　　　　　　55
　　会讲故事的姚爸爸　　　　　　57
　　孝　　　　　　　　　　　　　59
　　"五心"相依，实现精彩　　　　61
　　筑梦话剧社　　　　　　　　　64
　　真情沟通，共同成长　　　　　67
　　家长面对面　　　　　　　　　71

成长路上　　　　　　　　　　　75
　　石家庄视导　　　　　　　　　77
　　郑州之行　　　　　　　　　　80
　　让学习像呼吸一样自然　　　　84
　　数学之美　　　　　　　　　　87
　　懵懂　迷茫　清晰　　　　　　90
　　磨课之快乐　　　　　　　　　94

绽放精彩　　　　　　　　　　　97
　　学霸小高　　　　　　　　　　99
　　我的"小王老师"　　　　　　103
　　敢拼就是任性　　　　　　　　105

正方体平面展开图	107
一题之究	111
比例的基本性质	114
一题多解	116
和孩子一起成长	120

漫天思雨　　　　127

包在饺子里的情感	129
豆沙糕	131
我家的核桃树	133
菜饺	135
听爸爸讲我小时候的故事	137
二十四小时的感动	139
生活甜点	141
游隋唐	143
爱是不舍弃	144
一念恨一念爱	146
生存与生活	148
最珍贵的礼物	150
幸福的妈妈	152
爱的港湾	153
一起走过的日子	155

我的青春我做主（代后记）	157

师情话忆

打开记忆的闸门,我们总有讲不完的故事,《飞龙的腾飞》《爱笑的女孩儿不会差》《善良的文文》……一个个鲜活的故事、一段段精彩的回忆,仿佛又一次浮现眼前。作为一名班主任,多年来我养成了记录孩子们成长故事的习惯,没承想正是这一点一滴的记录,一次次拉近了我和孩子们之间的距离,"知心姐姐""女神"成为孩子们对我最亲切的称呼。

开学第一天

今天一大早,我和搭班郭静利老师在用心布置的教室里,静静地等待即将与我们相识的宝贝们,希望宝贝们能在第一时间感受到家的温馨。

时钟嘀嗒、嘀嗒地响,我的心也随之紧张起来,第一次和八九岁的孩子相处,心中不免有些顾虑,无数次在心里想:初次见面,我该以何种方式与他们相识?

7:53迎来了第一位宝贝:矮小的个子,一张稚嫩而又黑瘦的小脸,乱蓬蓬的刘海儿半遮着不大的双眼,看起来极不精神。看到我们后,他马上低下头,怯懦地向后排走去,在最后一排靠窗的位置坐下,之后便朝窗外东张西望。

"孩子,你叫什么名字?"

听到我的问话,他的头迅速转了过来,支支吾吾地说了些什么,我实在听不清。

"你好,我是张老师。"我笑着朝他走去。他的脸唰地红了,默不作声地抠起了手指。

再来的孩子,我们都会在第一时间跟他们打招呼:"上午好!"

孩子们或快速回复我们"老师上午好";或在飞奔进教室的那一刻听到我们的问候后,折身返回,回应我们;或主动问候"老师好";或调皮地冲我们笑。不同的回应彰显出孩子们个性的差异：或活泼开朗，或内向害羞，或幼稚调皮……

八点半左右，孩子们全部到位。此时教室如闹市般喧嚣，我用严厉的目光扫视教室的每一个角落，期待孩子们能快速安静下来，可这群孩子根本不买我的账，依然叽叽喳喳说个不停。我恍然大悟，今后我的工作对象不再是十几岁的大孩子，而是这群或许还不能完全听懂我说话的小不点儿，这将意味着我与孩子的沟通方式、教学方式、班级管理方法都要从头再来。这无疑是对自己今后工作的又一次挑战！

"我要表扬龙龙同学，从坐到座位上到现在一直安安静静地在看书。"静利老师的话音刚落，教室里神奇般地安静下来，并且有不少孩子也陆续拿出书来开始读。我吃惊地看着静利，她的话有什么魔力吗？仅仅一句表扬就可以让这些小不点儿乖乖地安静下来吗？静利好像看出了我的心思，笑着说："孩子们年龄小，爱说是他们的天性，如果我们能用激励的语言引导孩子，抓住他们渴望赞赏的心理，充分肯定，那么其他孩子也会暗暗地向他看齐，向'我要做个好孩子'这个标准看齐。"一语惊醒梦中人，教育的本质不就是唤醒、激励、鼓舞吗？赏识教育正是对这一目的最有力的践行。

"小A，你的坐姿真漂亮""小B，你听课很认真""小C，你的发言很有价值"……这些话犹如一股魔力使孩子们的坐姿更端正，听课更认真，发言更积极了。表扬一个学生就可能带动一批学生，继而一批学生带动一个班的学生，如此良性发展，班级纪律就会越来越好。孩子们炯炯有神的眼睛充满着对知识的渴望。渴望吸取知识营养的孩子，不用老师再特意维持纪律就能专心听讲。一句表扬的话、一个赞赏的眼神，原来这么有效，赞赏使我们的孩子备受鼓舞，也给孩子们带来自信和力量。

好声音，为何听不到

她是我看成绩单时印象最深的一个孩子，因为她的成绩在班级之尾。期末考试数学成绩是60分，这在我们学校应该是较差的。看到这样的成绩，我猜测，她到底是一个不爱学习的孩子，还是一个脑瓜不是很灵活的孩子呢？带着这样的疑问我去关注她，了解她。

第一天上课我提问了她，她回答问题的声音很小，我鼓励她声音大一点、再大一点，谁知我越鼓励她，她越胆怯，甚至吓得小声抽泣，我只好请她先坐下。以后的几天，我坚持提问她，只是不再强调让她大声说话，但每次她回答完问题我都坚持说："能听到你的声音真好。"而她的声音一天比一天大。突然有一天，我真的听清她说话的内容了，我走下讲台，紧紧地握住她的手说："你的声音真好听。"她羞涩地低下了头。

教师节那天，我收到了很多祝福的短信，其中也有她的："秋雨连绵，挡不住我对您的祝福。我知道您对我很好，谢谢您，张老师，教师节快乐！"我激动地看完短信，并回复道："谢谢你的祝福，老师也希望你天天开心。短短几天的相处，你让我越来越喜欢，很乐意和你成为好朋友，相信今后你会越来越棒！"

教师节过后，她还像平时一样胆怯地让我给她批改作业，我看着她，再次郑重地向她道谢:"谢谢你,收到你的祝福我好开心!"她笑了,原来她笑起来那么漂亮!

开学后不久,我感冒了,浑身疼痛。放学后,她一直在她的座位上磨蹭,迟迟不肯离开。我催促她快些回家,她小心翼翼地走上讲台问我:"老师,您是感冒了吗?您吃药了吗?"我明白了,她之所以最后一个走,原来是在寻找和我说话的机会。这也是我感冒后收获的第一份关心。我笑着回答她:"是的,你真是个有心的孩子,我已经吃过药了,谢谢你的关心!"她的脸上又一次泛起笑容,虽然还是那么羞涩。

夜里醒来,我又想起了她,是什么原因让这个有心的孩子这么不自信?愿她一天比一天勇敢,我要努力帮助她找回自信,让她也能同其他孩子一样,有一个快乐、健康的童年。

飞龙的腾飞

飞龙——未教其人，先闻其事。能成为学校的"名人"，要么是有特长，要么是极其特殊，他就属于后者。今年有幸与飞龙做师徒，我这"斗智斗勇"的水平怎么也得噌噌往上涨呀！

新学期的第一节班会课，我们要确定班干部并分配劳动任务。没等开始，飞龙先找到我："老师，我想为班里领加餐。"看到孩子如此积极，我不假思索地答应了。谁知，当我在课堂上宣布让飞龙领加餐时，孩子们异口同声地说："老师，让他领加餐，就意味着我们都不能按时吃到加餐了。"听孩子们这样说，我很震惊。"孩子们，你们所说的飞龙并不在我的记忆里，我所说的飞龙是一位积极为班级做贡献的孩子，就在刚才，他主动找到我要承担领加餐的任务，并有信心能让大家按时吃到加餐。我相信飞龙，并用人格担保他说到一定做到。"孩子们看我态度如此坚决，便答应给飞龙机会。

我想，改变孩子就从信任孩子开始，也许一个小小的决定就能唤醒孩子蕴藏于心中的那份自信，使他也能迈着坚实的步伐走向理想的彼岸。领加餐时间一到，飞龙绝对是第一个冲出教室，冲向后勤室。上午的加餐是牛奶，为了督促同学们把牛奶喝完并能把奶盒整理好，飞龙在发奶之前先给每个奶盒上标上号，比如第一组的六个孩子，奶盒上的标号为11、12、13、14、15、16，第二组以2开头，以此类推。如果发现奶箱里有没有摆好的奶盒或在教室地面上发现奶盒，只要看一下上面的号码就立刻知道是哪一组哪位同学的。开学近一个月，飞龙不仅没有一次耽误大家吃加餐，而且还解决了乱扔奶盒的问题。有孩子跟我开玩笑："老师，飞龙太给您争气了！"

飞龙不仅领加餐工作做得好，学习上更是令人欣慰。上课发言积极，作业总是提前完成，看到今天追着我批改作业的飞龙，我怎么都不能把他与之前的行为联系起来。

今日，飞龙又找到我说："我想辅导文文，我有信心使他的成绩提高。"文文也是一个勤奋的孩子，但接受能力不太强，别人听一遍就可以学会的知识点，文文至少得听两遍，甚至更多遍。飞龙提出要辅导文文，我不担心他的能力，但就怕他是心血来潮。但面对这个正在腾飞的孩子，我依然选择相信他。一天、两天、一周、一个月，我不敢相信，飞龙竟然把这项任务当作了自己的学习任务之一来完成。每天只要完成自己的作业，他就主动搬起凳子坐在文文旁边，针对他提出的每一个问题不厌其烦地讲，课间再催促文文来给我讲，通过我的评价来增强文文学习的信心。

现在的飞龙或许还有一些小毛病，但在老师们的眼里他已经是一个了不起的孩子了，已成功进入优秀孩子的行列。我希望飞龙坚持前行，同时也期待飞龙真正实现腾飞的梦想。

一封来自知心姐姐的回信

婷婷——我们班"海拔"最高的女孩儿,刚入班时就听搭班老师说:"她因上个学期腿受伤,没有参加期末考试,本学期还在恢复中,这段时间所有体育运动都不能参加。"可能是因为这个原因,我一下子记住了她的名字。

这么快就记住一个人,使我上课时总想多看她几眼。不知道是因为我过多的关注还是性格原因,她说话、做事的胆量与身高成反比,上课很少主动发言。这种胆怯的形象一直在我的印象中挥之不去。

婷婷虽不善言谈,但在学习上是个非常勤奋的孩子,每次老师布置的作业都能用心完成,可遗憾的是作业的正确率并不高。这种付出与回报不成正比的事实,使我对她产生了怜悯之心。

婷婷的家长对孩子的学习非常关注,舍得投入大量的精力、时间,并经常和我们联系,询问孩子的学习近况。然而,家长越关心,她越在乎自己的成绩,成绩就越差。孩子无奈地给我写信,向我诉说了她的心情:"知心姐姐,您好!近段时间我的数学成绩不好,我认真分析了这几次测试卷,题目也不难,但就是每次做的时候心里总觉得不确定,我觉得可能是前段时间在医院养伤时我的计算能力下降了吧。这次试卷上有10分题都是算错的,这太不应该了。我五年级时数学成绩一直都在95分以上,可是上六年级后,数学成绩突然下降了，让我顿时没了信心。我真的害怕爸爸妈妈也对我没信心，现在我的压力真的好大。我好担心自己考不上好学校，这段时间天天做噩梦，早上起来，头晕晕乎乎的。希望知心姐姐能教我个好的学习方法！"

面对婷婷的无奈，我想现在这种局面并非孩子不努力造成的，也许是孩子压力太大造成的。为此，我给孩子回复："婷婷你好，谢谢你对知心姐姐的信任！其实，学习犹如跑马拉松，是一个长期坚持的过程。一时的失败并不能决定一生的成败，所以，请不要把一段时间内的成绩放在心上，使它禁锢了你的思想，阻碍了你的成长。请放宽心，放松心情，你会有意外的惊喜。我们说会玩才会学，会休息才会工作，该玩儿的时候尽情玩，多与同学们交流、讨论，上课多发言，平时多总结，相信你会取得理想的成绩。"

"知心姐姐您好！真诚感谢您！难道您的话有什么魔力吗？读了您的回信，我昨晚竟然睡着了，睡得好踏实，今天精神倍儿好！"

"婷婷你好！得知这个消息我真为你高兴。其实人生的道路并非一帆风顺，正是因为酸甜苦辣才让你更加懂得生活的不易和人生的多彩，之前的经历都是在磨砺你的意志，面对荆棘丛生的未来愿你更加坚强。"

....

就这样你来我往，就这样一天天地期盼，这座心灵沟通的桥梁使我和婷婷彼此多了一份信任。我们彼此宽慰，共同扶持，相信我们的未来就在前方。

我和婷婷的故事还在继续，我祝善良的婷婷能永远幸福快乐，实现自己的理想。

爱笑的女孩儿不会差

认识笑笑是在一次考试中,我监考她们班。一开始笑笑做题速度很快,笔尖在试卷上跳起了轻快的舞蹈,但跳着跳着,笔停了下来,只见她眉头紧锁,紧接着又咬起了笔杆。我慢慢走到她的身边,向试卷瞄了一眼,原来试卷上有一道题成了拦路虎,看样子百思不得其解呀!她东张西望地想找些"思路",可偏偏遇到了我,不给她任何可乘之机,直到交卷那道题依然空着。这大概是我们彼此留下的第一印象吧!

或许因为和她有过一次心理较量,所以我在校园里再见她时就多了一分关注。原来笑笑还是少先队干部,负责学校纪律、卫生的检查工作,在少先队辅导员的眼里,笑笑是一个懂事、勤快的孩子,深得大家的喜欢。

今年9月,我们成了师徒。开学的第一天,我站在讲台上,目视着孩子们进教室后的每一个细节。因为之前与笑笑有过接触,所以对她就格外注意。只见她笑着走进教室,发现数学老师是我,笑声戛然而止,顿时显得拘谨又失望,但很快又恢复常态。她先找了一个位置坐下,之后便与同学们肆无忌惮地聊起天来。我立马抓住教育的契机,对笑笑进行提醒:"孩子,请勿高声,不要惊了读书人。"笑笑不好意思地吐了一下舌,旋即也拿出书来开始读。

接下来的日子里,无论是在课堂上还是班级活动中,笑笑依然热情、奔放、积极,这使我对笑笑的印象大为改观。事实证明,笑笑就是一个人见人爱的好孩子,当然她之前的瑕疵在我这里也忽略不计了。

这个能干、热情的孩子有时会忘记自我。一日午休时,同宿舍的一个女生因午休说话影响别人,老师和笑笑同时提醒她。虽然笑笑说得有理有据,但因说话太直又不是班干部,所以遭到了孩子们的攻击。笑笑的参与使受训孩子的情绪更加激动,竟和老师顶撞起来,事情变得很糟糕。

事情结束后,我找到笑笑告诉她:"热情是你的品质,但一定要注意方式,否则你的热情会被别人误解,不利于与人的交往。"聪明的笑笑频频点头,并表示今后遇到类似的情况会智慧地处理,同时也注意自己说话的技巧。我相信她会吃一堑长一智的。

圣诞节快到了,学生一般都很看重这个节日,以往提前几天就追着问我圣诞节怎么过,有什么活动。可今年他们并没有往年的热情与激动,这使我有些意外。问其原因,孩子们说:"老师,我们去年是在教室里边看电影边吃零食的。"

"今年你们想怎么过?又长大了一岁,换个过法呗?"

"老师,咱们也自编一些节目吧,这样边吃边看会更有意思。"

"好极了,我赞同,节目的编排、组织就由笑笑负责吧!"

交给笑笑是因为她不仅有这方面的能力,更有参与此项活动的热情。接到任务后,笑笑先给组长开会,要求每组必须参与,至少出一个节目,节目形式不限,唱歌、魔术、舞蹈、相声都可以。以小组的形式出节目一方面可增强小组的凝聚力,另一方面实现"我参与我快乐"的目的。为了提高孩子们参与的积极性,笑笑向我申请给节目演得好的小组加分,我立刻批准了。

孩子们放弃课间玩耍、中午午休的时间,请音乐老师帮忙找音乐,各自忙着排练,忙得不亦乐乎。笑笑还有模有样地对节目进行彩排,并根据每个节目的内容写串词。短短两天时间,一台说、唱、逗、玩的节目在大家的共同努力下成形了。

笑笑——爱笑的笑笑，愿明天的笑笑一如既往地能干，一如既往地开朗，一如既往地漂亮，一如既往幸福快乐地生活。

一个"没想法"的女孩儿

璐璐是我们班一个很自卑的女孩儿,尽管非常努力,但成绩还是不好;平时比较爱生气,朋友也很少,每次讨论问题或互相交流时总找不到合作对象;不太注意自身卫生,每次吃饭只要是她的手碰到过的筷子,别人就会洗一洗再用。鉴于此种情况,我想给这位自卑的孩子更多的关心和帮助,希望她能在我们班快乐地度过小学最后阶段,给小学生活画上一个圆满的句号。

今天下午第三节课,我给她调换了座位,让她和一位学习成绩优异的女孩儿小白同桌,希望能对她有所帮助。

下午放学后,小白找到我,委屈地说:"老师,我和璐璐老吵架,不想和她坐在一起。"

"是吗?她怎么这么不懂事?我让你和她坐在一起是想让你帮助她的,她怎么能这样?回头我找她聊聊,好吗?"我安慰小白。

从调座位到现在才过了一节课,就跟别人发生了矛盾,我有些不悦。

"璐璐,你跟小白怎么了?为什么吵架?"我强忍着不悦。

"我们没吵架呀!本来她就不想和我坐一块儿,自从你宣布让她和我做同桌开始,她就一直阴沉着脸。你让把《冲刺100分》写上名字后交给组长,她说我交晚了,不收,然后我就自己交。上课同桌交流时,她也不跟我交流。"

璐璐同样委屈地说。

璐璐的话提醒了我，虽然她是个爱生气的孩子，但也不至于好坏不分，她很清楚我让小白和她做同桌的目的。小白今天跟我说这些肯定是有原因的，不行，我得再次找小白问一问。

"小白，璐璐说你们没有吵架，是不是还有别的原因呀？"

"老师，我就是不想和她成为同桌。"小白语气坚定。

"老师知道让你和她做同桌你肯定有想法，我没有先征求你的意见就把她和你调到一起，老师向你道歉。璐璐其实一直也在努力进步，无论是学习上还是个人卫生方面，她都在积极地向你们看齐，作为我们班级的一员，我们有责任和义务去帮助她。在我心中你是一位上进心很强的孩子，我希望你积极进取的精神能激励她、带动她，愿她像你一样优秀。你再考虑一下，看能不能继续和她做同桌。"

"老师，我还是不想和她做同桌。"

当我再次听到这样果断的回答时，我只得走进教室重新调整座位。

"同学们，我感谢大家一直以来对我工作上的支持和生活上的关心，正是我们之间的互帮互助才组成了今天我们这样一个温暖的大家庭。今天，我有一件事有求于大家，同样也希望大家一如既往地帮助我。有谁愿意帮助我呢？"

班里的孩子毫不犹豫地都举起了手。

"我想问一问，有哪些同学愿意和璐璐同学成为同桌？"

孩子们举起的小手仍坚定地悬在空中。

我向孩子们深深地鞠了一躬："我感谢你们！再次感谢你们对我工作的支持，我替璐璐感谢你们，你们用热情与爱感动着我们，我想璐璐也会继续努力，做一个更好的孩子。"就这样，座位问题顺利搞定。

两天后，我再次找到小白。

"你对调座位这件事有什么想法吗？"我问。

"没有。"小白又一次果断地回答我。

"哦！没有任何想法吗？"这到底是一个什么样的孩子呢？今天我一定得弄清楚。

"小白，你那天看到我生气了吗？"

"看到了。"

"看到老师生气了，你怎么会没有一点想法呢？还是憋在心中不愿说。"

小白呆呆地站在办公桌前，两眼凝视着前方，除此再没有别的表情。

"今天叫你来不是批评你的，老师想要告诉你，社会上形形色色的什么人都有，我们得学会和人相处。璐璐或许不是你心中完美的同桌，可她也有很多优点，有很多值得我们学习的地方。你不愿和她做同桌我能理解，现在想来我们可能都太自私，总站在自己的立场上想问题。"

此时小白的眼泪夺眶而出。

"如果你有想法可以告诉我，如果对我信任的话，有困难尽管找我帮忙，我会全力以赴的。"

"老师，我也很自卑，因为我的家庭……"

小白一下子失声痛哭起来，这一举动不仅吓到了我，也吓到了办公室的另外两位老师。鉴于此种情况，我赶紧拉起小白的手来到更衣室。我把小白搂在怀里，不停地安慰她："别哭，有我呢！我会尽全力帮助你的。"

"老师，以前我的爸爸每天都会打我的妈妈，很多次都是深更半夜的时候妈妈带我到街上找住的地方。那种场面深深地烙在我的脑海里，我怎么也忘不掉，那时我才六岁。我害怕我的爸爸，从来都不敢接近他。现在他们离婚了，都有了新的家庭，我跟妈妈在一起。姐姐每次从学校回来都会来找我，让我跟她回家看爸爸，两年了，我一次都没去过，我恨他，我永远都不想再见到他。我现在的爸爸对我很好，对我妈也很好，可我就是叫不出口，不是不愿意叫他,我害怕那两个字——爸爸……"

孩子的诉说像电影画面一样,一幕幕地在我的脑海中回放。原来这样一个倔强而又坚强的孩子心灵上曾经受过这样的创伤,或许正是由于父爱的缺失才造就了今天倔强、执拗的她,造就了看似冷漠的她。其实她的内心也同样需要呵护,同样需要一把为她遮风挡雨的伞。

听着孩子的诉说,我好自责,对这样一个特殊家庭、特殊经历的孩子我不但没有保护好她,还强迫她去和自己不喜欢的孩子在一起。我们往往会选择同情眼睛能看到的弱者,却忽略了心灵上早已千疮百孔的弱者。"孩子,我愿做你心中的这把伞,保护你,温暖你。"

善良的文文

"班里55人,每排9人共6排,多出一个人怎么安排?"

"回头让一个孩子坐讲桌旁。"智慧的搭班老师总是很有办法。

"飞龙较胖,坐在座位上出入不方便,先让他坐讲桌旁吧!"

"好的,回头看谁有特殊需要就让谁坐,慢慢观察吧!"

奖卡制度是我们在班级管理中考核学生的一个重要手段,一周下来黑板上欠奖卡的孩子——文文已经三次上榜。为了奖卡制度能长期有效地执行,我们这次采用以组为单位进行考核。我们会在周五早上统计每个人的奖卡数量,一组中没有一人欠奖卡,就提前给他们组发周末作业。如果组里有欠奖卡的孩子,那么这一组就迟发周末作业。孩子们特别希望能早些领到周末作业,这样可以在校完成,周末就可以痛痛快快地玩了。这一措施让文文所在的组纷纷找我诉苦。我好想说:"我要的就是这个效果,小组抱成团才能让强者帮助弱者,实现共同进步嘛!"可面对孩子,我只能边听边笑,默不作声。

发完牢骚的孩子见我不动声色,无奈地离开。回到教室,孩子们想出各种招数帮文文还奖卡,比如督促文文做好事,帮助他做作业,等等。尽管该想的办法都想了,可文文的名字仍常占据"欠奖卡"栏中。为了不再拖累别人,他决定坐讲桌旁。

有些事看似坏事，却能变成好事，没想到坐讲桌旁的文文尝到了近水楼台先得月的好处，不愿下去了。他发现坐在这个位置不仅能受到老师的时刻关注，而且还有"一览众山小"的感觉。前不久一学生受伤，为了出入方便和文文换了一个月的座位，当那位学生的伤好了之后，文文立马要求换回座位，用他的话说："我已离不开此地了。"

文文最大的优点是他做人的品质。文文虽然学习成绩不如别人，但他非常努力，还有勤学好问的好习惯，每每遇到不懂的问题他都会找到我："老师，我可不可以让某某给我讲题？"我当然欣然答应他。

文文的善良是有目共睹的。班里鑫鑫腿受伤，行动不便，文文二话不说，给他一日三餐送饭，并且一送就是一个月，就冲这一点我对他真的是佩服有加。

文文还是一个有心的孩子。开运动会时，我的玻璃水杯被踢碎了，当我在班里讲这个水杯是前年教师节学生送的礼物，保存两年才舍得拿出来用的，可不到一天却被踢坏时，文文周日返校悄悄地在我的办公桌上放了一个水杯。尽管我把水杯又还给了文文，但他的这一举动使我感动。

文文——善良的孩子，我愿善良的文文永远幸福、健康快乐！

一顿饭，一段情

"这孩子本学期表现得不错，上课能认真听讲，作业能按时完成。"这是英语老师对鑫鑫的评价。

较早记住鑫鑫的名字是因为他写作业总是磨蹭到最后，字又写得有些另类。他属于脑瓜特灵的那种学生，虽然上课听讲状态一般，但每次测试成绩都还不错。

"鑫鑫怎么没在座位上？"上课前我习惯性地问缺课孩子的去向。

"他昨天下午放学在操场上打篮球，腿摔伤了，他爸接他回家看病了。"

"啊？摔得严重吗？"这是我的第一反应。

下课后我给鑫鑫的爸爸打电话，想问问孩子的情况。鑫鑫爸爸说："孩子的小腿踝骨骨裂，需要休养一个月。可六年级学习这么紧张，我们不想让他耽误太多的课程，想和您商量一下，我们早上把孩子送到学校，晚上接回家，但要麻烦老师帮忙安排学生给他送饭，并解决他上厕所的问题，不知道可不可以？"

"无论是让学生送饭还是背孩子上楼下楼都不是问题，我最不放心的是怕其他孩子在教室玩儿时再碰到他，问题会更严重。"

"我跟孩子好好说说，让他不要来回走动。老师这次真的给您添麻烦了。"

家长如此执着,我不再坚持。为此,我郑重强调孩子们玩耍时不要碰到鑫鑫,并安排给鑫鑫送饭、扶他上厕所的孩子。

孩子们真的是尽职尽责,总是第一时间给鑫鑫端饭,保证他能吃到热的饭菜,然后再到餐厅自己吃饭。虽然送饭的孩子每次都是很晚才能吃到饭,但为了照顾好这个"病号"毫无怨言。这使我这个做老师的万分感动,并决定要给这几个善良的孩子发奖卡。

"老师,鑫鑫不再让我给他送饭,他说给他送饭就是为了赚奖卡。"学生委屈地说。

"什么?怎么能说这样的话,太不懂事了!"我有些生气。

我问鑫鑫:"大家所说是否属实?"鑫鑫点头承认,显得还有些不好意思,意外的是,他又说了一句:"他们也确实赚了奖卡。"思来想去,我决定让鑫鑫也体会一下送饭的艰辛,从而学会感恩。

"鑫鑫,等你好了以后,你给这个月为你服务过的孩子们每人送一顿饭,体会一下送饭的艰辛,我给你发十张奖卡。"

在大家的坚持和期待中,鑫鑫的脚终于好了,接下来开始履行曾经的约定——给每个孩子送一顿饭,并写出送饭后的感受。听到要写感受鑫鑫急了,送饭容易,要写出感受这可不容易呀!

三天的送饭经历,鑫鑫不仅完成了送饭的任务,而且每一次送饭的经历也写得至诚至真:"今天我给文文送饭,天很冷,还刮起了大风。走在冰冷的校园里我想裹紧衣服走得快一些,但怕稀饭撒了。我晃晃悠悠终于把饭端到了教室,交给了文文,之后便赶紧去吃饭。可餐桌上我的饭已透心凉,想当初那几个送饭的同学每天每餐都是这样度过的,可我还说出了那样伤人的话,我真的意识到自己错了,对我那么好的朋友我竟不懂得珍惜。"

三天的感受一次比一次深刻,一次比一次真诚,看到鑫鑫能意识到这一点,并改之,我十分欣慰。读着鑫鑫的感受,我更加意识到我的处理方法是正确的。

和鑫鑫的相处还在继续,和鑫鑫的故事每天都在上演,故事的精彩与否都记载着我们曾经相处的时光。愿鑫鑫的明天更加美好,我们的故事更加有意义!

特别的爱给特别的他

"老师，你们班有一个男生，我不认识他，但是刚才我从他身边过时他骂我。"

"我们班的？"

"是的，我确定他就是你们班的学生。"

小姑娘如此坚决，我心里已经有了目标，一定是他——祥祥。

祥祥，父母离异，又因爸爸长期在外工作，只能寄养在姑姑家。姑姑和姑父对他的教育虽然很用心，但毕竟不是自己的孩子。对于祥祥来说，姑姑和姑父虽然爱他，但并非他最渴望得到的父母之爱。和父母一起逛街、购物、旅游，甚至饭后一同散步对他来说都是一种奢侈。他常说他的生活充满了孤独感。

我想，仅仅要解决骂人的问题并不难，当面道歉、写检查、扣小组分数，无非就是这些套路。然而，回想起昨天，他的游戏机被没收，此时还静静地躺在我的办公桌抽屉里；前几日险些酿成的群架事件就是因他而起；体育课上，他像一个小丑一样做着各种各样怪异的动作吸引孩子们的注意……当这一幕幕场景在我脑海里显现时，我再也不忍这个原本天真的孩子离我而去。走进孩子的内心，解决骂人、玩游戏、打架背后的问题，我义不容辞。

我请他来到办公室,和搭班潘老师一起做好了与他促膝长谈的准备。我们预设先从他的日常生活入手,了解他的家人、朋友,了解他的生活、业余爱好,并期待能走进他的心中。

孩子的确很聪明,他知道我们此次和他谈话的目的。我刚一开口,他便说:"老师,我知道错了,一会儿我就去找她跟她道歉。"我和潘老师相视一笑。抓住这个好的开头,我赶紧表扬他敢作敢当,是个男子汉。

"你和那位女生认识吗?"

"知道她是隔壁班的,但从未说过话。"

"你为什么要去骂一个不太熟悉的同学?"

"我在网上看过一个测试,向前面的人喊一声'美女''帅哥',看看有没有人回头。今天突然想起来了,就……我知道自己错了,等会儿我先告诉她事情的原委,然后再向她道歉。"

我迟疑地看着他,原来一个孩子的犯错动机如此单纯,对十一二岁的孩子,有时真的琢磨不透他们的想法。

为了走进孩子的心中,我依然坚持从他的生活入手:"你姑家的孩子是不是在外地上学?"

"是,家里就我自己,没人玩儿,很没意思。"

"周末有什么安排?每天的生活是如何安排的?"

"有时候也会看书,但更多的时候不知道干啥。同学们现在都报了很多辅导班,想在一起玩但时间不能统一,反正就觉得没有意思。"

"你觉得生活有些孤独对吧!其实你的感受我们都有过,可人有时还真的要学会享受孤独,孤独也是一种美。我们正好可以利用闲暇时光做一些想做的事。我们可以选择一种适合自己发展的兴趣,并坚持下来,比如读书、写作、画画等。我朋友家的孩子从小学开始写小说,现在上大学一年级,已经写了两本书了。我们找一个自己喜欢做的事情,让自己的心能够静下来,利用你的聪明,抓住你的闲暇时光,你一定会有一个不一样的生活。你的爱好是什么?"

"我还是比较喜欢读书。"

潘老师便马上送给他一本《水浒传》,并告诉他说:"这本书很难读懂,但是我就想看一看我心目中这么聪明的祥祥能不能一点一点把它啃下来。为了能将这本好书读好,咱俩约定每周五放学一起在这里切磋读书所获。"孩子激动地接过书,如获珍宝,不停地感谢潘老师。

我们会一直关注祥祥的成长,希望班级这个大家庭能给他带去更多的温暖,也相信这个聪明的孩子能把自己的生活过得更加充实,更加有意义!

敬畏生命

处理学生问题是班主任工作必不可少的一项，然而作为一名班主任，如果没有爱作为前提，我们的教育是空洞的。爱孩子，就要尊重孩子。当我们把尊重孩子生命成长的规律放在首位去处理问题，去审视我们的孩子、关注我们的孩子时，就会发现每个孩子都是可教之才，每个孩子都是班级里最亮的那颗星。

梳理班规

今天是我和搭班潘超超老师共同管理这个班的第四十天,也是国庆节过后的第一天。一个月行为习惯的强化,过了一个国庆节是否会再次回到从前,我们拭目以待。

节后的第一天,按要求孩子们八点前到校,可此时已是八点半了,还有一个孩子迟迟未到。我赶紧打电话联系孩子的家长,家长说,早上上班早,孩子自己在家,出门时已叫醒了他,可能又睡着了。

足球课上,体育老师让班长送回教室几个孩子,原因是:上课不听话,在操场上打闹,致使无法正常上课。

午饭后,我没有按时进教室,而是在教室外徘徊,想通过教室门上的小玻璃窗窥探一下教室的情况,看一看经过一个上午,孩子们此时有没有一点儿倦意。可我发现孩子们今天精神头十足,不仅有交流不完的所见所闻,而且节前养成的习惯已荡然无存。看来有必要帮孩子们回顾一下我们的约定了。

来到教室,我低下头默不作声,孩子们看到此时的我,反倒不说话了。有一个孩子小声嘀咕:"别说了,老师生气了。"趁机,我赶紧说了一句:"我发现,一周未见,你们的变化好大呀!"结果,孩子们像接收到什么命令似的立即坐端正,等待我说话。我继续说:"孩子们,我发现过了一个假期,你们把我们之前的约定都忘了,我好伤心呀!不如趁机我们再一起回顾一下吧!"

一、关于就餐

约定7:30之前到,首先是希望能按时就餐,保证有一个好的身体;其次是懂得感恩,感谢每天早上餐厅师傅四五点就开始准备早餐;最后是让大家学会珍惜粮食,无论你来还是不来,学校都会给你准备早餐,如果没来,我们只能看着餐厅师傅忙忙碌碌地打饭再忙忙碌碌地倒饭的身影。

二、关于站队

约定大家"快、静、齐"站好队,首先是让大家有集体意识。当听话的你们自觉站好队后,再无条件地等待个别人的磨蹭、说话、打闹等与之不和谐的行为时,你们有何看法?其次,天越来越冷,餐厅师傅按点已打好饭菜,而我们把时间浪费在站队上,致使大家吃到凉的饭菜,那么对我们的身体岂不是一种伤害?

三、关于诵读

我们的诵读要求8:05开始组织、准备、收心,8:10所有人员全部到齐,目的是保证每天诵读十分钟的有效性。

四、关于人起椅齐

人起椅齐,不仅是为了教室的整齐美观,更是为了方便大家的出入。

…………

整整20分钟,把一个月来的要求、习惯与孩子们一起进行梳理。此时,孩子们默默地低下头,羞愧感写满了一张张稚嫩的脸。他们端正的坐姿分明是在告诉我接下来的日子里定要努力做精彩的自己。孩子的成长需要我们引领,需要唤醒,寻找一种孩子乐意接受的方式,处理结果会更加有效。

你问，我……

你问，我答，这叫沟通。你问，我不答，你再问，我还是不答，你问得心急如焚，我坚持避而不答，你该怎么办？

"孩子们，今天我们玩儿个游戏吧？"

"太棒了！老师，今天要玩什么游戏？"

教室里炸开了锅，热闹非凡。

游戏内容：你可以向我提出一个你特想知道的问题。

游戏规则：你提出的问题只有我一人回答，其他同学不得回答。

游戏开始：

生："您什么时候生日？"

师："7月12日。"

生："您教学几年？"

师："16年。"

生："您毕业于哪所学校？"

师："河南省质量工程学院。"

…………

师："得到你想要的答案高兴吗？"

生:"太高兴了!我们还想问。"

看来,孩子们好想知道老师的秘密呀,小手在空中不停地摇晃,游戏继续。

生:"您今年芳龄几何?"

我眼睛斜视,不看提问题的学生,也不回答问题。

生:"您女儿多大?"

我时而低头不语,时而手插口袋不屑一顾。

举手的孩子好似少了很多。

生:"您家住哪儿?"

我头低得更低,不理不睬,身体不停地晃动。

"老师,我知道您是在模仿一部分出现问题后不言不语的孩子。"一学生激动地说。

我快步走下讲台,与他握手,知己呀!

师:"那我想问一下刚才我没有回答你问题的孩子,你们的心情如何?"

生1:"失落,好像自己问的问题太没水准。"

生2:"老师是不是对我有意见?"

生3:"很伤心,没有得到想要的答案,还受到了冷落。"

⋯⋯⋯⋯⋯⋯

"孩子们,首先向你们道歉,对你们所提出的问题我会一一回答。其次,我想说:生活中人与人的相处其实就是在一问一答中交流思想、增进感情的,可如果当别人问你问题时你避而不答,势必让对方产生很多猜忌,这样你与他的关系就会变得紧张。如果在老师询问情况时你不言不语,老师又如何帮你解决问题呢?可见,沟通是多么的重要。"

"老师,在今后的相处中我不会再犯之前的错误,我知道避而不答不但不能解决问题反而会激怒老师,甚至还会把小事变成大事。"一学生真诚地说。

知心姐姐幸福记

重读办公桌里珍藏的孩子们写给我的一封封至诚至真的来信,我与孩子们相处时点点滴滴的回忆顿时涌上心头。

2014年平安夜,我收到一个平安果。给我带来惊喜的并非这个平安果,而是装这个平安果的心形盒子。

盒子的外边写有这样一行字:"因为信任你,所以想让你成为我内心秘密的第一个知情者。"这句话突然令我灵光一现,我能否成为孩子们秘密的第一个知情者? 不,我不奢望。如果有可能,我愿成为他们的知心人,尽可能多地帮他们排忧解难,也算给孩子的心灵找到一个驿站。因此,从那一刻起,我便留下了这个心形的盒子;从那天起,我开通了知心姐姐信箱。

利用班会时间,我把开通知心姐姐信箱这件事告诉孩子们:"知心姐姐信箱今天开通,如果你在学校有哪些开心的或不开心的'秘密',哪些需要我帮忙但又不便开口的事情,请寄信给我,地址是我办公桌上的心形盒子。我的盒子里还放有好多糖,喜欢吃糖的放了信之后可以带走一块。嘿嘿!当然,如果你不需要我的帮助,只是想吃糖的话,也可以拿一块解解馋。欢迎大家写信给我,对你的来信我会认真阅读,尽力相助。"

没想到,孩子们写信的热情还挺高。每天早晨打开"信箱"都有收获,几封、十几封,有的是请我解决问题,有的是与我分享开心的事,有的只是向我倾诉……

"老师,我和我最好的朋友闹矛盾了,心里很难过,我想和她重归于好,可就是放不下架子,您可以帮我吗?"

"知心姐姐您好!这周末我和妹妹吵架了,可妈妈总是批评我,我心里好难过。为什么都是妈妈的孩子,她却如此偏心?"

"知心姐姐好,这几日数学课上讲的内容我不太理解,分数解决问题我不知道究竟该用除法还是乘法,您若有时间能否再给我讲讲?"

"老师,您好!您今天上课表扬了我,我好开心,我会加倍努力,不让您失望。"

"知心姐姐您好!很高兴这样称呼您,您就像我的亲姐姐一样关心我、照顾我,我想真诚地向您说:'谢谢您!'"

…………

一封封来信,或长或短,或是倾诉,或是疑惑,或是高兴,或是无奈,或是询问学习方法,或是请我帮忙解决纠纷,或是自己近期的学习心得,或是自己的奋斗目标……这一切都源于孩子们对我的信任。以信任为基础,以信件为载体,班级问题得以及时掌控,及时解决,学生情绪才会更加稳定。

这种方式我沿用至今,采用书信的方式进行沟通不仅给那些胆小的孩子提供了与老师交流的机会,而且文字的微妙能把我与孩子们之间的距离拉得更近,平时不便说出口的话,因为有文字的雕琢而变得更加富于灵性,使我们心灵相通。

吃橘子

"今天的加餐是橘子,太棒了!"孩子们手拿着橘子,说笑着,准备开吃。

"宝贝们,停……想不想把今天的橘子换个吃法?"我的一句话使教室里一下子安静下来。

"怎么吃?"前排的祥祥好奇地问。

"孩子们,我想问大家一个问题,橘子为什么剥了皮才能吃?"

"因为橘子皮不能吃呗!"伊伊迫不及待的回答引得大家一阵欢笑,更激起大家思考。

"橘子长皮是为了保存水分,吃之前剥掉橘子皮更好吃。"

"橘子皮太涩,若不把皮剥了,影响口感。"

孩子们的答案五花八门,归根结底,就是橘子必须剥皮才更好吃。

"孩子们,你们说得都很好。其实它还有一层意思,吃橘子要剥皮,剥这个动作是让我们先付出劳动,继而才是吃。也就是说,我们得先付出才会有收获,正所谓先苦后甜嘛!"

"噢!是呀!"孩子们端详着手中的橘子,若有所思,似乎明白了我今天要把橘子换种吃法的用意了。

"第二个问题,橘子为什么长成一瓣儿一瓣儿的?"

"老师,橘子长成一瓣儿一瓣儿的,就像是我们的一个个小组,一个个小家,紧紧地围在一起,团结一心。"智慧的小俊话音刚落,教室里就响起了热烈的掌声。

"老师,橘子长成一瓣儿一瓣儿的,就像是我们紧紧地依偎在妈妈的怀抱中,温馨、温暖。"掌声再次响起。

"老师,一瓣儿一瓣儿的橘子,就像我们在座的每一位同学,我们是一家人,一家人就应该团结在一起。"小凯的话总能让人心里暖暖的。

"是呀,孩子们,一瓣儿一瓣儿的橘子紧紧相抱,象征着团结、积极、友善、温暖、温馨、感动……其实,一瓣儿一瓣儿的橘子同样是让我们学会分享,便于分享……"说完,我掰下一瓣橘子放入小叶的嘴里。

在大家的欢笑声中,橘子变成了一瓣儿一瓣儿,分给你,分给我,分给他,没有顾虑,没有抱怨,有的只是快乐、感动。温馨的画面,酸甜的橘香,爽朗的笑声……久久难忘的,是曾经我们用这样的方法吃橘子。

本篇发表于2015年12月1日《洛阳晚报》,略有修改

五十元人民币

一天上午，一位家长朋友打来电话。

"老师，我有一件事挺苦恼的，想让您帮帮我。"

"好的，您请讲。"

"我想问你们班有人丢钱吗？昨天我给孩子洗衣服，发现他口袋里有一张五十元人民币，问他从哪儿弄的，他说在路上捡的，我再问，他就很生气地指责我不相信他。我从来没有给过他这么大面值的钱，也搞不清楚是不是家里的钱。我想让你帮我问一问，真怕他做坏事。"

听家长这么说，我迟疑了片刻。如果我直接问孩子，孩子的压力一定更大。如果钱真是孩子捡的，那么他可能更恨自己的妈妈，坚信妈妈对他不信任。如果承认钱来得不正当，那么孩子的心理上是否会留下阴影。任何一个孩子都不愿在老师这里破坏他美好的形象。我跟孩子妈妈交流，与其这样怀疑孩子，不如理智地相信孩子。让孩子妈妈问一问孩子打算如何处理这五十元，而我装作不知此事，不问孩子。

孩子妈妈非常赞同我的做法。第二天，孩子高兴地找到我说："老师，我捡的五十元，给我们班当班费吧！"我连忙表现出吃惊的样子，拉着孩子夸他拾金不昧，并当着全班同学的面表扬了他。

孩子终究是孩子，做错事、说错话都是很正常的行为。当孩子犯错时，不要一味地斥责，有时真相并不重要，重要的是保护好孩子的自尊心，也是为孩子一生的心理健康奠定基础。

走近孩子从倾听开始

今天入队仪式时,我们班有三个孩子不停地小声嘀咕,班长多次提醒无效就让他们到后边找老师,他们磨磨蹭蹭虽不情愿,但最终还是和潘老师站在了一起。

考虑到说话也不算是什么大的过错,我便和孩子们开玩笑说:"哇,和潘老师站得这么齐,我给你们照张合影吧!"潘老师马上说:"小岳同学和他们不一样,来给我俩照张合影。"说着便把小岳同学拥入怀中。我顺便也给那三个害羞的孩子照了一张合影,便不再提及此事。

"老师,我们错了,我们不应该在站队时说话。"身后传来犯错孩子的声音,这时我才发现原来这三个孩子一直跟着我来到办公室。我为孩子们的懂事感到欣慰,更不忍心过多批评他们,便笑着问他们:"为什么总是等犯了错误以后才想着道歉,而事先没有想着做最好的自己呢?这样吧,我把这两张照片——一张是潘老师和小岳的合影、一张是你们三个人的合影,同时发到微信群里,让家长朋友们来看一看两张照片有何不同,可以吗?"

见孩子们默不作声,我就鼓励他们,希望他们说出自己的真实想法。其中有两个孩子不停地摇头,另一个孩子使劲儿地点头。问起摇头的孩子:为什么不同意我把两张照片放在一起发?一个孩子害羞地说:"两张照片放在一起,一看就明白，一张是老师喜欢的孩子，而另一张是被老师惩罚的孩子，很丢人的。"点头的孩子的举动挺让我意外，难道他没有听出我问话的意思吗？我期待他的解释。"我同意放在一起发，是因为这样我的爸爸就可以看到我不好的表现，可以给我一点提醒。"

听孩子这样回答，我悬着的心放下了。原来，孩子不是因为抵触而同意发照片。不同孩子选择的处理方式不同，就点头的孩子而言，他同样也认识到自己的错误，而且敢于面对自己的错误。

这件小事再次提醒了我们，在处理学生的问题时，一定要鼓励孩子说出自己真实的想法，尽管有时他的想法可能和你有所不同，然而耐心倾听之下也许会有意想不到的效果。

了解孩子，走近孩子，走进孩子的内心，从鼓励孩子说出真实想法开始。

为孩子撑起一片天

"张老师,你又有事干了——你们班的学生把我们班的孩子咬了!"

"啊?我们班孩子咬你们班孩子?什么原因?咱们都互相问问吧!"

我赶紧把主要的两名学生叫到办公室,和同事一起先了解情况。

"我和六(3)班小王在楼道里玩儿,他让我咬他的胳膊,我说我没牙。谁知小王在上厕所时肆意宣扬我说的话,被咱班小高听到了,小高回宿舍告诉我,我很生气就冲到厕所找小王,之后我们就打起来了。我本想咬他的胳膊,结果他胳膊猛地一下避开了,就咬住了他的脖子……"小杨委屈地说。

"你说得不对!"小王争辩着。

"他说你没牙,你就咬人吗?你看给我们班孩子咬成什么样了?"同事的质问让我班的孩子不敢再言语。

早餐时间已过了一会儿,为了不影响大家就餐,同时也想给孩子们思考的时间,我建议大家先去就餐。

吃过早饭,两位学生如约到三楼办公室门口等我。见到孩子,我先说了自己的想法。

一、你们这个年龄做事冲动,打架是正常现象,我能理解你们的做法,但并不支持。

二、只要你们在六（2）班一天，你们就不单单是我的学生，更像我的孩子一样，你们犯了错误，我会和你们一起承担。

三、事情既然发生了，我们就要想办法解决，批评或打骂都不是解决问题的方法。如果我们能够把问题说清楚，彻底消除误会，将来能够和他们成为朋友是我们解决问题的终极目标。

四、问题要圆满解决，就得给各自一个台阶下，今天能不能下这个台阶就得看你们的态度。

如果能做到以上四点，我们就开始解决问题。

小史说："事情的经过其实是这样的。昨晚在餐厅，我吃过饭准备离开，结果被凳子绊了一下，就摔倒在地。六（3）班小王伸手去拉我，正在这时，他班小许准备从我身上跨过去，我不同意，就用手去推他。本想把他推过去，可谁知他还是从我身上跨过去了。我当时非常气愤地说：'你想干吗？'小许说：'不想干吗，想单挑你可以到我班里找我。'来到教室后，我和小杨一起来到六（3）班的教室门口。小许带着小王也出来了。我们先是纠缠了一会儿，然后小许就卡住我的脖子，把我往墙角推，我不停地用拳头打他。看，我的脖子就是被小许抓的（说着，解开衣领让我们看，的确被抓了几条血印）。小王拉住我不让我打小许，在拉扯的过程中，胳膊露了出来。小杨说：'你的胳膊好白呀！'小王说：'白你就咬一口。'说着伸出胳膊让小杨咬。小杨说：'我没牙！'然后上课了，我们就各自回到了教室。晚自习下课后，咱班小高上厕所，听到小王在厕所里说小杨没牙，回到宿舍就把这句话学给小杨听，结果小杨就冲到厕所。"

"下面的我来说。"小杨说，"来到厕所我问，小王你说啥？他说我没牙！我们连说带骂地纠缠了一会儿，然后我先动手去推他，结果我们就打起来了。我搂着小王的脖子，小王揪着我的头发。小王伸着胳膊让我咬，我去咬时，他胳膊避过去了，就咬住了他的脖子。"

听完孩子们的讲述，我感觉事情经过表述得还算清楚。

"你们觉得这件事情中哪些行为其实是可以避免的。"

"我们不应该到他班教室找他们，如果我听到他说我时不那么冲动去厕所找他打架，也就不会有后面的事了。"孩子们在检讨自己的行为。

"你们认为怎样解决问题才能抚平对方受伤的心？如果你们有委屈或想法也可以说出来。"

小杨："我向小王道歉，下个课间问他有没有事，中午校医来了我再带他让校医看看，如果问题严重，我就让父母带他到医院看病。"

小史："我也向小许道歉。我不应该后来再去找他，如果不去找他，我们就不会打架。不过，他从我身上跨过去这件事，我有意见。"

"好，没想到你们能如此大气，我支持你们。现在我们一起去找他们解决问题，不知道你们有没有这个勇气？"

孩子们眼前一亮："有老师陪伴，我们没问题。"

来到六（3）班，孩子们各自找到因自己而受伤的孩子，真诚地道歉，承认自己的过错，当然也说出自己的委屈，接受对方的道歉。

问题解决后，我再次叮嘱孩子："希望你们遇到问题时不要冲动，理智对待，有勇气承担责任，并希望你们能成为真正的男子汉。"

这件事之所以能圆满解决，就是因为我站在孩子的立场，倾听孩子内心的声音，使孩子们有勇气面对问题。当孩子遇到困难或犯错误时，我们能用宽容之心去对待，孩子们就会少一点儿隐瞒，多一分真诚。

梳小辫

2015年的最后一天,从早上睁开眼的那一刻起我就忍不住兴奋起来,因为今天我承诺要给班上的十九位小公主梳一个她们喜欢的小辫,把她们打扮得漂漂亮亮,希望她们带着这份特殊的记忆与幸福感迈向更加精彩的2016年。针对孩子不同的发质、脸型、头发的长短,我给她们设计出不同的发型。娃娃脸的孩子,设计时尽可能体现清新甜美,能衬托出她积极、阳光的一面;长脸形的孩子,我给她辫发时留一缕刘海儿,缩短长脸的线条……从设计到成型,我每一刻都在思考如何使孩子们在我的手下更加美丽、清新、可爱。人们常说"人要衣装,佛要金装",可今天的孩子们仅仅是换了一个发型,就顿觉精神焕发。看着她们满意的、兴奋的、激动的表情,我相信她们所说的:"在这个班生活真的好幸福!"我相信家长朋友们所说的:"这是有爱心的老师才会有的行动!"我相信只要真心付出,用爱做教育,一定会收获属于我们的幸福!

磨砺中成长

"宝剑锋从磨砺出,梅花香自苦寒来。"远足拉练是我校毕业季传统活动,旨在春暖花开的美好时节里,亲近大自然,感受大自然的魅力,领略家乡的沧桑巨变。此项活动既磨砺学生的意志,培养学生团结协作、友爱互助的精神,又考验了学生的身体素质和心理素质。

"同学们,在这个春暖花开的季节,为了给大家创造与大自然亲密接触的机会,缓解大家的学习压力,同时增强大家团结互助的能力,这个周三我们进行一次拉练活动,目的地——洛浦公园观景台,全程30千米,希望你们做好心理准备。"我的话音刚落,教室里一片欢腾。

是激动——太棒了!终于轮到我们拉练了,这是一项多么富有挑战性的活动呀!是期盼——在春暖花开的季节,能与大自然来个亲密接触,缓解一下学习的压力,一举两得。是疑虑——30千米呀!我行吗?

时间在孩子们的手指间一点点流过,这一天终于来了。早上7:40,全体师生在操场上集合完毕,校长又一次强调行走的路线及安全问题,队伍准时出发。

浩浩荡荡的队伍穿过车水马龙的公路,沿着风景秀丽的洛浦公园向观景台行进。孩子们像刚出笼的小鸟,一路上叽叽喳喳地说个不停。公园里叫得出名字和叫不出名字的花草、极具个性的建筑此时在孩子们的眼里都是那么的新奇美好。他们似乎忘记了路途的遥远，个个精神抖擞、昂首阔步。

我连忙拿出手机，拍下一个个精彩瞬间、一幕幕感人的场景，及时在班级群、朋友圈播报，之后再把家长或朋友们鼓励的话语读给孩子们听。如此一来，我们的孩子精神头更足了。

活动结束后，我把照片放在教室的电子白板上播放，一边回放，一边解读照片背后的故事。

孩子们，你们能克服一切困难，坚持走完这将近30千米的路程，并依然端端正正地坐在这里，你们的精神不仅感动了我们学校的每一位老师，也感动了你们的爸爸妈妈，今天在座的每一位都是英雄！

镜头一：旗手

能争取到此次领头的机会令班里的每一位孩子既激动又自豪。走在队伍的最前面，雄赳赳，气昂昂，此时的六（3）班已不再是一个小集体，而是学校的一面旗帜。尽管路途遥远，旗杆沉重，可我们的旗手从头至尾都选择用标准的握旗姿势打旗，踢着那近似标准的正步，气宇轩昂地让学校的旗帜飘扬在途经的每一片土地上。

镜头二：我虽然胖，但并不喘

瞧！这是我班的胖哥，我最担心的孩子。原本担心他坚持不下来，更怕他坚持不了后会有意想不到的举动。刚过牡丹桥，他就汗流浃背，我的心又一次揪成一团，如果他坚持不了我该怎么办？

"孩子，把你的背包给我，我替你背，这样你可以轻松一些。"我说。

"谢谢老师，不用，我能行。"

说完他步伐变得矫健起来，并冲到了我们的前面，这使我有些意外。

镜头三：我们就是你的双拐

当有人因脚上磨出血泡走路困难时，当有人筋疲力尽时，大家像兄弟姐妹一样互相搀扶，互相鼓励，坚持越过一座又一座大桥，坚持走完全程。我们就是你的双拐，我们会搀扶你一起走向终点。

镜头四：我不疼

"我不疼，我不疼……"从一个人说，到一排人说，再到一群人说"我不疼"，这是痛苦地说完"我的腿要废了"之后能想到的最好的办法，也是一种心理暗示。

镜头五：我不想说，因为想和你们在一起

我连续三年参加拉练活动，今年是最痛苦的一次，因为我的胃疼已经三天了，就在今早站队前胃还疼得厉害，然而能陪你们一起徒步，有机会和你们一起经历是我的幸运。一路上，我把精力放在你们身上，就会忘记疼痛。我不想让你们遗憾没有我的陪伴。利用周末好好养养，我依然会很健康。

…………

30千米的路程就这样被我们征服，我们用行动证明了我们有吃苦耐劳的精神，有坚韧不拔的意志，有不屈不挠的毅力。拉练带给我们的不仅是胜利的欣喜和自豪，更是一次心灵的洗礼；拉练不仅是一种磨炼，更是一笔财富，为今天的我们点赞！

真诚铸就永恒之爱

爱是激励

期末复习枯燥、乏味,孩子们每天都在试卷中度日,在题海中遨游,如何让孩子们对做题不烦不躁,并为此有一种期待?这是我面对的问题。思来想去,决定再次启用我的撒手锏——百分榜。

我向孩子们承诺,如果你能在测试中(或一张试卷,或将老师在黑板上出的三五道题)做全对,就可以挑一根自己喜欢的颜色的粉笔把你的名字工工整整地写在百分榜里,凡上榜者均有奖品哟!我之所以选择这样做,是因为得一百分是每一个孩子的梦想,无论是谁,只要在某学科上得过一百分,至少在一段时间内会对此学科有好感。我正是抓住孩子的这一心理来激发孩子们学习数学的热情。

课下,孩子们与我交流:"老师,小俞说她最大的乐趣是和我比得一百分的次数,我一刻也不能放松呀!"

小史说:"老师,什么时候还考试?看到这次这么多人都上榜,而我没上,心里很不舒服,我得更加努力,争取下次上榜。"

小白激动地说:"老师,我得一百分的次数已达到十次啦!"

……………

听着孩子们兴奋的话语，我庆幸遇到了这班好孩子，他们都这般可爱，永远都在积极配合着我的想法，直到现在还能保持着你追我赶的学习状态，这是多么的难能可贵！

爱是尊重

站在百分榜前欣赏着孩子们胜利的果实，我心中不免有些遗憾。尽管我已把得一百分的标准降至最低，尽管孩子们都很用心，但不得不承认学生能力的差异。全班54人有43人上过榜，多则11次，少则1次，然而还有11人不能如愿，对于这11个孩子，他们也需要我的保护与鼓励。

我灵机一动，推荐上榜吧！孩子们在一起相处六年，感情至深，推荐绝对会成功。

"孩子们，对于没有上榜的同学，你认为谁学习态度很好，一直也挺努力的，可以推荐上榜，同样也能获得我们的奖品。"我提议。

话音刚落，孩子们就纷纷举手。

"老师，我推荐小付，他虽然没有上榜，但学习一直很努力，每次都主动找您要卷子做，这种不服输的精神值得我们学习。"

"老师，我推荐小赵，他经常在课下找我给她讲题，学习上非常刻苦，她同样是我们学习的榜样。"

……………

数分钟后，11位孩子被一一推荐，这进行得要比我想象的更顺利。我站在讲台上，真诚地向孩子们表示感谢，并告诉他们："你们今天能这么积极地去推荐他人，说明你们是能发现他人优点并虚心学习他人长处的好孩子，我会永远记住你们这些有着大气风范的孩子们的。"

爱是真诚

"小史,让你统计咱班同学爱吃什么,你问了吗?"

"我今天中午去卖废品,忘了。"他不好意思地说。

"没关系,我看着买吧!"

"老师,您是要给孩子们发吃的吗?"晚上,小史的妈妈打电话给我。

"是,我想在周日返校时给孩子们发百分榜的奖品。"

"老师,您不用管,这些东西我买,反正现在也不忙,周六上午孩子没课,我们一起去买,周日下午带过来。"小史的妈妈坚定地说。

"不用,我们有班费。"

"您别客气了,就这么定了。"

我不知道是因为她的语气太坚定,还是我内心太感动,此时显得笨嘴笨舌,无法拒绝,就这样她承担了此次重任。

周日返校时,小史找到我:"老师,等会儿我妈妈把东西送来,三袋子,让同学帮我一起拿吧。"

"三袋子?太破费了吧!"我有些吃惊。

当孩子们把满满三袋东西放到讲桌上的那一刻,我又一次被惊呆了,我没有想到小史的妈妈工作做得如此细,她把所买的东西平均分成了54份,分装在小袋子里,我根本就不用想分的问题。

看到眼前的一幕,孩子们不约而同地鼓起了掌,异口同声地说:"谢谢小史!"我告诉孩子们,要谢谢小史的妈妈,谢谢她为大家所做的一切!

爱就是这样无处不在,我们在接受爱的同时也在向孩子们传递爱,只要我们真诚相待,定能铸就永恒之爱。

重返母校

做教师最大的幸福是孩子们心中有你,也许他们近在咫尺,也许远在天涯,无论何时,一声"老师好"就足以融化你的心。

下午送学生时,突然耳边传来一句打招呼声"张老师",扭头一看是上一届毕业的几位学生。

"张老师,终于见到您啦!想着您周五放学早,怕见不到您,我们是跑着来的。"他们上气不接下气地解释着。

再次见到孩子们,有一种别样的感觉。宽大的校服并没有掩盖住孩子们的神采,满脸的笑容给了我久别重逢的欢喜,一种莫名的满足让我只会站在那里傻傻地笑。

突然想起四点半还要开会,只好让孩子们先到操场上打篮球,趁机重温一下分别两个月的操场。

会议结束后,我再次看到孩子们,他们突然不言不语。我忍不住问:"怎么了?"

"张老师,请您别生气,我们没有遵守约定。您曾说过,等我们自己会赚钱了,再考虑送礼物的问题,可我们今天还是没忍住。"说着小姚从背后拿出一瓶糖果,"老师,我最想说的就是谢谢您!请您收下。"小姚的眼泪在眼眶中打转。

"张老师，这支钢笔是送您孩子的，希望她能像我们一样努力学习，考上小八中。这包话梅是送给您的，希望您的生活像它一样甜蜜。"小潘一板一眼地说。

"张老师，祝您和潘老师中秋节快乐！这是我们四个人合买的一盒月饼，一点儿心意，您和潘老师一起享用！"小刘依然滑稽。

…………

我突然觉得好有成就感。和孩子们一边聊天，一边分享糖果，孩子们的言语中依然流露出对学校的感情。

"张老师，我们虽然不是最优秀的，但一定是小八中最有礼貌的孩子。"

"张老师，我是军民联欢的主持人。"

"我是我们班的班长，到那里才知道那里的孩子有多难管，您做老师是多么的辛苦。"

"我是体育委员。"

"张老师，我们有今天的一点儿成就还是因为我们学校培养得好。"

从孩子们的言语中，我能感受到他们生活得很好，我希望孩子们能在那里继续书写自己的辉煌，坚信知识是可以改变命运的，好好学习，将来顺利考入理想的高中。

时间有些晚了，怕他们家长担心，我便赶紧催促孩子们回家。送孩子们出校门时，他们突然站成一排，一起鞠躬，说："谢谢老师，您辛苦了！祝您身体健康，青春永驻，中秋快乐！"我忽然明白，为什么刚才他们让我先下楼，原来是在商讨分别仪式。

看着孩子们离开的背影，我心里酸酸的。酸楚中却略带几分欣慰，他们真的长大了，一举一动、一言一语都令我刮目相看。我只想说，棒棒的孩子们，加油！你们的未来一定精彩！

真情沟通

苏霍姆林斯基曾把学校和家庭比作两个"教育者"，只有两者有效结合，才能形成合力。因此，我校开展家长课堂，最大化地利用家长资源，给孩子们带来不一样的课堂。同时，家长会也是家校沟通的有效方法之一，然而家长会上，孩子最渴望什么？家长最渴望什么？我们能做什么？我们要厘清家长会的意义，从大家的角度寻找突破口，解决大家最实际的需要……与家长真情沟通，最大化地实现家校合作，这部分记录了我们家长会的一些具体做法，既做到把孩子放在舞台的中央，又打破传统家长会的模式，受到家长们和教育同人的一致好评。

"书"写人生

"哇！今天是周五，听说今天的家长课堂由李宜涵妈妈聘请的书法老师为我们上，肯定很有趣。"我和孩子们一样期待。

"字是一个人的门面，一手好字能使你终身受益。"这是今天家长课堂上年逾六十有着30年书法教龄的李老师送给孩子们的第一句话。

我们常说字如其人，其实就是希望一个人能端端正正写字，从而做一个认认真真、堂堂正正的大写的人。今天，在李宜涵妈妈的努力下，这样一位德高望重的书法家来给孩子们上课，真是难得！

课堂上，李老师先请孩子们欣赏了他的几幅书法作品，墨宝一亮相可把我们班的小朋友惊呆了："呀！哇！……"掌声、欢呼声、惊叹声不绝于耳。

李老师尽管经验丰富，但为上这节课依然做了充分的准备，书法教学十二字方针——三素、四度、外部轮廓、内在联系，讲得清晰明了、精彩极致。李老师说话地方口音虽然很重，但丝毫不影响孩子们学习书法的热情。此时此刻，我再次深信精彩课堂不受年龄、语言、相貌的限制，只要你专业，你的魅力就无人能比。

后来，李老师把上课的地点从会议室转向了校园的水泥路，以拖把为笔，弃墨从水。学生围在小路两边，李老师要亮出大手笔，如此潇洒之动作，如此难得之机会，怎能错过？当李老师挥起拖把写下第一个"永"字时，孩子们不约而同拍手叫好。李老师的书写激发了孩子们学习书法的热情，在场的我也被此时的场面深深吸引，连声赞叹："大家，不愧为大家！果真出手不凡！"或许李老师觉得与孩子们今日相识太过于难得，或许今天的李老师也被孩子们的热情深深感染，当孩子们满怀期待地渴求他多写几个字时，他爽快地答应了。今天李老师送给孩子们七个字——"永、字、八、法、华、龙、福"，以"福"字结尾就是要告诉孩子们"要得福，先吃苦"的道理，愿孩子们能珍惜今天这来之不易的幸福生活。

一个小时的精彩课堂让孩子们大开眼界、惊叹不已，就连接送孩子们的家长都止步围观，被李老师挥洒自如、行云流水的墨宝所震撼。相信这节触动孩子们心灵的精彩课堂，能使我们的孩子用实际行动端端正正地书写自己的人生。

会讲故事的姚爸爸

又是周五,家长讲堂如约进行。今天我们请到了小姚的爸爸——会讲故事的姚爸爸。

故事一:学会感恩

我出生在农村,小时候家里很穷,结婚时的一切全靠自己打拼,如今我们有房有车,生活幸福美满。我的经历让我明白了一个道理,父母给予你的只有生命,这也是你一生中最大的财富,给予太多或许是在害你。人的一生只有经历风雨,才会飞得更高。孩子们,你们能有今天的幸福生活,首先要学会感恩。不要记恨老师的批评,老师批评你,就像园丁修剪小树上多余的枝蔓一样,当时疼痛难忍,但当自己长成参天大树时,方知其用心良苦。

故事二:学会忍耐

多姿多彩的生活给你的成长带来了很多诱惑,比如电脑游戏、网络小说等,玩得或看得如痴如醉会严重影响你们的学业。六年级是小学阶段最重要的一年,相信你们都有自己的奋斗目标,为实现自己的梦想我们必须学会克制、学会忍耐。

忍耐不仅是在学习上要持之以恒地付出，还要学会控制自己的情绪。给大家讲一个故事：从前有一位先生，他有一个紫砂壶，这个紫砂壶非常精致，漂亮至极，先生爱不释手，晚上睡觉时也要把壶放在床头。有一次，他不小心把壶盖碰掉了，先生很生气地说："壶盖都坏了，要壶干什么？"先生拿起壶便扔到了窗外。早晨起来，发现壶盖掉在鞋上，并没有坏，先生后悔莫及，更加生气，抓起壶盖摔碎在地上。可当先生下楼后发现，昨晚扔的壶挂在了树权上。这个故事告诫我们：冲动是魔鬼，生活中的我们要学会忍耐，小不忍则乱大谋。

故事三：战胜困难

很多人都有登山的经历，登山时最大的感受就是累。因为怕累，我们可以坐缆车，这样轻轻松松就能到达山顶。可我想说："第一念头想坐缆车的人一定是一个懒惰的人。"登山的过程虽然很累，可我们能欣赏到沿途的风景，感受到行走中的美，到达山顶时我们会有"一览众山小"的自豪感。登山的过程也是磨砺一个人意志的过程，困难是机遇更是挑战，我们要有迎难而上的勇气，才能享受到逆水行舟后成功的快感。学习中我们更要如此，要有战胜困难的决心。

生活永远都不是一帆风顺的，只要我们做到凡事永不放弃、跨越逆境，就一定会赢得精彩的人生。

孝

教室里《时间都去哪儿了》这首歌在空中回荡，申奥家长在黑板上用力地书写了一个"孝"字，这就是他今天讲课的主题。

用心的家长选取了三段视频来作为本节课的开场。

视频一："爸，你和妈妈身体可好？"

"好，你不用担心，我和妈妈都很好，你好好工作吧！"（画面显示：苍老的母亲背已经驼了，说话有些糊涂。）

视频二："爸，您怎么把饺子往口袋里装？"

"我给儿子捎的，我儿子最爱吃饺子了。"

视频三：一位孱弱的母亲久久地站在村头不时地张望，期盼远方的孩子早些回家。

当这些熟悉的画面再次呈现在大家面前时，平时或乖巧或调皮的孩子此时都异常地安静，静得能听到孩子们的心跳声。

记得几天前的一个下午，在办公室里的我心神不宁，总觉得有什么事发生，便给家里打了一个电话。当我听到电话那头妈妈有气无力的回答时，我的第一反应就是妈妈病了。几经询问我才知道，她已经病了好几天了，因不想让我操心，就没有告诉我。电话的这头，我不再言语，也不敢言语，因为此时的自己已是泪流满面，我怕妈妈知道我在哭，便匆匆挂断了电话。

今天"孝"这个主题不仅给孩子们上了很好的一课，也给我上了很好的一课：自己为人父母，懂得父母对孩子的那种无怨无悔的付出；也为人子女，更能体谅父母的艰辛付出，时刻警醒自己不要等到"子欲养而亲不待"时才后悔莫及。

"五心"相依,实现精彩

聆听完笑笑爸爸的精彩课堂后,我的脑海里一直回旋着这样几个词语:诚心,精心,慧心,恒心,开心。"五心"的完美结合犹如一颗颗珍珠串起的项链,更加珍贵。

诚心

笑笑爸爸接到给孩子们上家长课堂的任务后,专门乘火车从梁山转车到郑州再倒车回洛阳。他不顾长途跋涉的劳累,第一时间赶到班级的精神让全体师生很感动。我想正是有这么多真诚、用心、支持学校工作的家长才成就了学校今天的精彩。

精心

笑笑的爸爸为了女儿,为了孩子们能在分别后的回忆里有快乐的今天,特意给每一个孩子精心准备了一本带有纪念意义印章的笔记本,希望孩子们每每打开本子,都能想到笑笑——他的宝贝女儿。

慧心

  为了使女儿成为一名有计划的孩子，笑笑的爸爸故意打乱笑笑的生活，致使她吃喝玩乐之后才想到作业未完成、没时间洗澡就该返校了，顿时像无头的苍蝇一样，四处碰壁。他以此引导女儿生活要有计划，从每月到每周再到每天，做到事无巨细。

恒心

  恒，永恒，我想还有坚持之意。

  笑笑爸爸借用第一次和客户交谈失败的教训来告诉孩子要养成善于提问、独立思考的习惯。在生活节奏越来越快的今天，要学会用最短的时间把自己的想法、做法表达清楚，这不仅是自己能力的体现，更是对别人的尊重。做到这一点就必须坚持读书，他每月出差次数较多，就把出差坐火车、汽车的时间利用起来坚持读书，他相信长期坚持积累一定会有收获。

开心

  笑笑的爸爸结合自身经历，通过摆事实、讲道理相结合的方法再次引导孩子们做一个会思考的人、一个有计划的人、一个守时的人、一个诚信的人、一个爱读书的人，其实归根结底是学会做人。龙应台在给儿子安德烈的信中写道："孩子，我要求你读书用功，不是因为我要你跟别人比成绩，而是，我希望你将来会拥有选择的权利，选择有意义、有时间的工作，而不是被迫谋生。当你的工作给你时间，不剥夺你的生活，你就有尊严。成就感和尊严，给你快乐。"我想这句话不仅道出了所有家长的心声，也是老师的心声，教育的本质也是如此。孩子们如花的笑脸、经久不息的掌声，足以说明今天的精彩课堂已触及他们的心灵，必将实现永恒的精彩！

学校小社会，自然大社会，让家长走进课堂，参与课堂管理，能够实现家庭教育与学校教育的共同发展。

筑梦话剧社

"如果一个孩子,在小学生活六年而从没机会走上舞台展示自己,该是多么遗憾!我们可否利用家长会放手让孩子们自编、自导、自演一些节目,这样既能给他们提供展示自己、锻炼自己的机会,也将教育戏剧进校园活动提前布置,一举两得,你看怎么样?"我和潘老师协商。

"正好距下次家长会还有一个月的时间,这段时间让他们在小组合作与分工的体验里,在真实与虚拟的戏剧世界里完成自我教育,创意很好,我支持!"

班会课上,我把家长会的安排告知孩子,并希望孩子们着手准备,期待一个月后的家长会上孩子们精彩的表现。

在宣布完家长会内容的第二天,小白激动地跟我说:"老师,这是我们的剧本——《甄嬛歪传》。"那一刻,我被震惊了,太神速了吧!

已是晚上十二点,萧萧同学还在奋笔疾书、伏案创作,他们的宗旨是杜绝抄袭,支持原创。于是,原汁原味的《环保知识问答》诞生了。

小高同学认真地坐在电脑前一句一句地构思,一字一字地敲打,最终创作出本组的剧作《有大爷回家》。

…………

一个月的精心准备，一场筑梦话剧社汇报表演拉开帷幕。

凯凯原本生病在家，可为了使本组的节目更加完美，执意让妈妈把他送到学校，带病坚持给本组节目《送别》吉他伴奏；荣荣，一个看似柔柔弱弱、从不大声说话的孩子，却在舞台上尽显风采；主持人子影，说话抑扬顿挫、声情并茂，令众人钦佩；栋栋说、学、逗、唱，赛过宋小宝；若不是今天的尝试，我怎会知晓俊俊、静涵、小志、凯凯的表演令大家眼前一亮。

孩子们略带稚嫩但充满激情的表演，给每一位家长带来惊喜。栋栋妈妈激动地发来信息：

> 孩子们的精彩演出在台下热烈的掌声中结束了。那一刻，我的心里除了激动，更多的是震惊。因为儿子在台上的表现真的太让我感到意外了，在我的眼里，儿子虽然乖，但是不自信，胆子小，偶尔还会哭鼻子，做起事情漫不经心，没少挨我的批评。可是今天他在节目中的表现彻底颠覆了我这个母亲对儿子曾经的看法。
>
> 看他从节目开始到结束，面对台下那么多的家长，那样地从容和镇定，不由得让我想起了演节目前的一幕幕：儿子不太会打字，用"一指禅"一个个地敲字写剧本。我看到他好久才打一点想去帮他，他却不让，说自己能行。三四个小时好不容易打完了，打印的时候打印机却没墨了，儿子当时都急哭了。第二天他放学回来，看我还没来得及给打印机灌墨，就借了爷爷的U盘，把事先打好的剧本拷贝下来，拿到复印店打了一份。
>
> 他做的这些事情全程都不让我插手。说实话，对于儿子什么时候学会的这些，我知道的并不多。为了能表演好节目，在几次排练中他连饭都顾不得吃，到很晚才回来。看着孩子抓起桌上的馒头就啃的样子，我的心里可谓是五味杂陈。
>
> 都说父母应该陪着孩子一起成长，可是我们因为忙于工作以至于忽略

了许多。如果没有这次演出，我真的不知道儿子其实没有我想象中的那样胆小。他身上有许多闪光的地方，只是没有被我发现而已。或许儿子真的长大了，在我不知不觉中变得独立。以后我要抽出时间多陪陪孩子，陪他一起成长。

借助班级筑梦戏剧表演的精彩，我们制作了投票系统，开展网络投票活动，进一步塑造每一个小组的明星形象，同时选拔优秀节目，准备年级组节目展演。

召开主题讨论会，三个原本独立的节目通过大家思维的碰撞、智慧的相融，居然可以完美地组合成一部全员参与、主题为"珍爱地球"的三幕剧。

付出就有收获。为了节目效果，同学们毫无怨言地主动找合适的同学接替自己的角色；为了锦上添花，我们绞尽脑汁制作巨型道具；为了留下精彩瞬间，大家邀请助手，跑来跑去抓拍照片……我们都在努力，所以一定精彩！

我突然发现，每一个孩子都勇于担当，完全放弃了小组的荣誉，一切只为永争第一的六（2）班；突然感到，台前幕后皆是英雄，每个人都在用心演绎自己的角色；突然明白，编写剧本、创编歌词、协调人员、指导表演、制作道具……每个环节中的每个人都不容小觑。最终，我们班的筑梦戏剧社再次创造了精彩。

从带这个班至今，我一直在努力塑造团队合作精神，从班级管理的方方面面强调以小组为单位，凝聚班级力量，效果比较明显。尤其是在戏剧展演活动中，各小组精诚合作，所创造的奇迹以及年级展演时所表现出的班级荣誉意识，确实震撼人心。

真情沟通，共同成长

"本次家长会我们不仅要实现让孩子站在舞台中央的愿望，而且要把学校布置的事情在家长会上告知家长，并得到家长的积极配合，该如何安排？"潘老师和我协商。

"我们可否把学校布置的事情设置成问题，由孩子们主持，以课堂的形式展示出来，这样不仅能与我们学校的课堂文化结合起来，也能让家长感受到孩子们在课堂上的精彩表现。"我建议。

"对，这样不仅能给孩子们提供锻炼机会，还能把学校布置的事情以新颖的方式展现出来，很好。另外，'精彩学生'和'精彩家长'的评选我们也让孩子们在家长会上竞选，'精彩学生'自我推荐参加竞选，'精彩家长'由学生代替推荐并替家长参与竞选。无论结果如何，借此机会让孩子们表达对父母的感恩之心。"潘老师补充道。

不愧为"黄金搭档"，我俩一拍即合。"真情沟通，共同成长"家长会准备工作现在开始。

第一部分：常规工作

一、活动有利弊

1.在学校、班级已经开展的活动中，你最喜欢哪一个？为什么？

2.面对这么丰富多彩的活动，你如何处理学习和活动的冲突？

3.如果让你设计一个班级主题活动，你会怎样设计？

二、安全重于泰山

1.开车接送孩子时怎样做才不影响交通？

2.你如何面对校门口形形色色的零食的诱惑？

3.夏季溺水事件高发，你会怎样保护自己？

4.传染病危害无穷，你知道哪些传染病的预防措施呢？

三、学习有妙招

1.你会倾听吗？你能给大家推荐一些倾听的好方法吗？

2.你的作业是否独立完成？遇到难题，你有什么好方法来解决？

3.你发现身边哪些同学的学习方法最巧妙，请推荐给大家。

4.你学习中最难克服的困难是什么？需要谁的帮助呢？

四、父母记心间

1.五月感恩月，你除了为妈妈过母亲节，还做了什么？

2.你喜欢父母的陪伴吗？有父母在身边，你最想做的事是什么？

3.如何理解"只要心中有父母，就能做最好的自己"？

4.说说心里话。

第二部分："竞选"精彩学生"

小高：在这个优秀的班级，参与"精彩学生"的竞选，我压力巨大，但我还是厚着脸皮来说说我的优点。我个人喜欢长笛、足球，不过学习这些特长是我在学有余力的前提条件下进行的。进校足球队、乐团，并在长笛这个声部当上首席，这和我的努力分不开。竞选"精彩学生"，我对自己有信心。

昊昊：我的学习成绩可能不是全班第一，但这里留下了我点点滴滴精彩的回忆。当年我是节目中的相声演员，今天我是家长会的主持人，明天我是百题问答比赛的参赛选手，"六一"我要在洛阳歌剧院表演，我的人生有了这些回忆，我认为自己是精彩的。

第三部分：竞选"精彩家长"

潇潇：我的妈妈可能没有别的妈妈漂亮，没有别的妈妈那样会做很多好吃的，但我喜欢我的妈妈，更喜欢妈妈那张多变的脸。开心时，妈妈能提醒我，不要得意忘形；伤心时，妈妈能安慰我，使我不再难过。随着时间的流逝，妈妈那张多变的脸已经憔悴不堪，已经有了数不胜数的表情包，我宁愿妈妈的表情包里只剩下一个表情，那就是笑容，一个比春天还美丽的微笑，不需要大笑，不露出牙床，只要一个嘴角微微抬起的微笑。

月亮：成长的道路上，每个人都会有不顺，但有一个人一直激励着我，那就是我的妈妈。在筑梦话剧社演出时，我需要穿演出服，虽然这衣服只能用一次，但妈妈毅然决然地支持我，立刻在网上购买。有了"写吧"，每周妈妈都会选几篇写得好的，帮助修改并投稿，尽力给大家一个成长的平台。我感谢我的妈妈，也希望大家多多支持她！

鑫鑫：我原本认为我的妈妈非常爱唠叨，每次上完辅导班，她都让我步行回家，可我心里知道，她是希望我能瘦一点。在我眼里，妈妈是个女强人，她学会了纹绣，还教别人做，有时忙起来一天都没空吃饭，可她做这一切就是为我们能生活得更富裕些。然而无论多忙，学校的活动她都积极参加，读书三仕启动仪式、筑梦话剧社、家长委员会都有她的身影。她虽然很平凡，但在我的心中却是如此精彩、如此美丽。

凯凯：我爱我的妈妈，就像妈妈爱我一样。我是小学二年级来到这里的，在原来的学校学习成绩不好，同学们总嘲笑我。来到这里，老师、妈妈共同帮助我，使我成为班里的佼佼者。我的妈妈主动承担班级活动，为了排节目，她晚上瞪大眼睛不睡觉，我问她怎么了，她说她得想一想这个节目还有没有需要改进的地方。妈妈总是乐观积极地参与班级各项活动，给我勇气，给我自信，使我成为如今优秀的自己，我感谢我的妈妈，相信她永远精彩。

家长会后，我收到了众多家长的信息。

静涵妈妈说："每次参加家长会，都有不小的收获，听着孩子们妙语连珠，看着孩子的另一面，陪他们笑，默默地和他们一起掉眼泪。我一直认为孩子的自控力很差，凡事都要督促她，所以我们经常起冲突，我有时真不知该怎样做好家长。看着孩子在一次次活动中的自我成长，我更加觉得愧对孩子，以后我要同孩子一同努力、一同成长、一同精彩！

家长面对面

主持人： 各位老师、叔叔阿姨、同学们，下午好！

学习或生活中，学生与家长之间避免不了会出现各种各样的问题或分歧，如何化解这些矛盾，使我们彼此双方互相理解？今天利用家长会这个平台，我们和家长共同敞开心扉，面对面交谈，互相听一听内心深处的声音。

据我们调查发现，家长眼中的孩子是这个样子：有些孩子每次家庭作业都要等到最后的时刻去"加班"完成，辅导班的作业也总是拖到不能再拖了，还得在再三督促下，才不情不愿地去做，催得紧了，就显得极不耐烦，马马虎虎，敷衍了事；也有些孩子作业很快完成，但字写得不好，写完就是看电视、玩手机；自己房间从来不会主动整理，也不会帮助家人干家务。你们如何提高自我管理能力，合理安排时间，克服惰性做到让我们放心？

学生眼中的家长：现在都说减压，可是你们依然给我们报了那么多的辅导班，那你们有没有听说过这么一句话，家长想让孩子们赢在起跑线上，却往往让孩子累死在起点。作业完成就好，为什么非让我们先写作业再去玩？好不容易写完作业想看会儿电视，你们就说成天就知道看电视、玩电脑。你们在外遇到不顺心的事回来就找我们撒气，你们知道我们的感受吗？经常拿我们和别人家的孩子比，拿着自己的对错标准来评价我们，我们想让你们多陪陪我们，想和你们说话时，你们都不理我们，通常都是在玩手机。

今天，我们就以下三个问题进行探讨：

学与玩

玩是人的天性，学是终身需要。父母一心只想让孩子多学些，而孩子一门心思就想多玩会儿。有时候，孩子信誓旦旦保证，却难以抵挡玩耍的诱惑，从而忘记学习任务，父母再三提醒督促，却不见效果，进而激发亲子关系矛盾。

请双方从各自角度谈谈，你会怎么做，同时希望对方怎么做，才能化解学与玩的矛盾？

学生：每次很听话地写完作业，本想可以很痛快地玩儿，可谁知刚玩儿一会儿就被揪回家，家长又布置了新的任务。家长是希望我们每一分钟都在学习。

家长：如今小升初压力大，我们也是希望你们能充分利用时间，互相遵守约定，及时完成学习任务。

压力与动力

面对即将到来的小升初，父母四处打听，了解到小升初的严峻形势，不惜重金为孩子报各式各样的辅导班，时时刻刻询问学习情况，却发现孩子学习不主动，敷衍了事，甚至有抵触厌烦情绪。而孩子觉得父母只关心学习成绩，不顾及自己的承受能力，感到压力重重。

请双方从各自角度谈谈，你的目标是什么？朝着这个目标你会怎么做？需要对方做些什么，你才能变压力为动力？

学生1：如今小升初压力巨大，家长给我们报了众多辅导班，作业颇多，真的消化不了。

家长：其实我们做家长的压力也很大。如果孩子学得不好，将来就考不上一个好初中；如果今天多挤出一分钟学习，明天也许会多十分钟玩耍。我们也想给你们充分的时间来放松，但一想到作业还没完成只好放弃。

学生2：我认为动力有时来自获得成功后的一点点鼓励，比如以前数学成绩不好，学起来很害怕，越害怕压力越大，可上学期我数学考得特别好，就又喜欢上了数学，觉得数学也没那么难！我想，当我们对一门学科有兴趣，这将是最好的动力。

自由与规则

十一二岁的孩子，对"自由"的渴望越来越强烈。他们渴望与朋友们一起外出游玩，并希望可以安排自己的生活，拥有自己的独立空间。然而在家长眼中他们依然是小孩子，怕外出有危险，怕结交不好的伙伴，怕房间脏乱差，于是规定孩子不能这样，不能那样。

请双方从各自角度谈谈，你不能容忍对方的行为有哪些？家长能给予孩子最大的自由度是多少？如何建立双方都能接受的规则？

学生1：利用周末和同学一起玩儿，互相交流班里的新鲜事，这样就很满足，可妈妈总是讲外出很危险，不让去玩儿。

学生2：我们在写作业，家长在看电视，而且声音开得很大，家长能否以身作则？

学生3：现在每个人都报了很多辅导班，想找个人玩儿不容易，好想和爸爸妈妈聊聊天，可你们却抱着手机，其实我们好孤独。

作为班主任，我是孩子和家长沟通的桥梁，要努力营造真诚沟通的机会，让彼此互相倾诉、互相理解，化解亲子关系中"学与玩、压力与动力、自由与规则"三大矛盾是我的梦想，尽管我知道这些矛盾无法从根本上解决，但互相倾听后有所思、有所改变就是成功。

成长路上

作为教师，我们不能总拿旧钥匙开新锁，实现终身学习，才能适应孩子的需要，读万卷书，不如行万里路，走出去，请进来，多种途径获取最前沿的教育资讯，及时写下自己的学习感悟，检验自己的学习效果。

石家庄视导

每年的视导犹如学校的一次盛宴,让所有老师热血沸腾。今年我与张校长一起到石家庄盛世长安小学参加视导工作,甚是荣幸。虽然视导工作已结束几个小时,但我的心依然不能平静。令人敬畏的北京第二实验小学李烈校长充满智慧的讲话、小学届耳熟能详的华应龙校长精彩的点评、大气的盛世长安校长实实在在的发言、干练的做课教师对孩子们数学素养的培养、可爱的孩子们的张张笑脸、学校社团活动的有序开展、精致的校园文化建设……在我的脑海中挥之不去,这一切都源于一个字——实。

"实"在课堂上的体现

《位置》这节课已不是第一次听,可以前每次聆听都感觉讲课的老师们无论是对教材的应用还是教学设计好像都无法超越传统的经典模式,然而视导时盛世长安分校的刘老师讲《位置》这节课却让我顿感惊艳,眼前一亮,这不就是自己心目中的课堂吗?

刘老师用自己班学生的照片作为教学素材,让学生找出笑得最灿烂的孩子的位置,从学生的生活实际出发,让孩子们充分感受到数学来源于生活,又服务于生活。

师：谁能表示出照片中笑得最灿烂的同学位置？

孩子们七嘴八舌，说法众多。

师：这么多种不同的方式来表达太乱了，怎么才能统一起来呢？（再次把问题抛给孩子们。）

生：要用一个统一的标准表示。可用什么方式来统一标准呢？符号还是语言？

师：数学上用行和列来表示，先说列，再说行。

生：究竟左边为第一列还是右边为第一列？

……

孩子们互动交流、讨论思考的过程中，刘老师一直退居其后，在静静地观察、倾听，在学生遇到问题，产生矛盾时，刘老师又适当引导、追问、点化、深入，真正体现了学校"勇敢地退，适时地进"的课堂文化。

准备充分的刘老师在课前给每个孩子的位置上贴了一个数对，这就是孩子们新的位置，让孩子们按新位置就座。此环节不仅考查孩子们对用数对表示位置的掌握情况，而且为下一个环节学习物体位置与数对是一一对应关系做好了铺垫。游戏是最好的学习方式之一，从学生的兴趣出发，从学生的需要出发，这不正是"以人为本"的体现吗？

在表示一个旅游景点的位置时，孩子们发现给出的数对在原有表格上无法表示，怎么办？大家不约而同想到表格可以无限地画，从而自然而然地把数对在固定的表格中过渡到直角坐标系中，实现从一维到二维的完美拓展。比获得知识更有意义的是激发学生的思考，只有学生主动去思考，他才能真正成为学习的主人。

课堂就是一门具有缺憾的艺术，总有不尽如人意之处。比如：这节课对一一对应关系的理解、探究方面做得不够透彻，有点儿蜻蜓点水的感觉，这一点在华应龙校长的点评中也给予了指出。当然不同的老师对课的理解不同，但只要我们本着对孩子负责的态度，把培养孩子的数学素养、思维能力作为课堂的根本点、出发点，就都可以称为一节有价值的好课。一节课的展示，不同的老师会有不同的见地，结合自己的教学风格取长补短，可以使我们朝着更好的方向发展。

"实"在学校文化建设中的体现

漫步学校的每一个角落，教学楼里的每一条走廊、每一面墙、每一扇门甚至每一盏灯，处处充满活力，因为这里的一切都是由"放错地方的垃圾"制作而成的，由师生共同完成，不带任何的奢华迹象。废旧衣物做的动感墙、鸡蛋托做的一幅幅画、废旧易拉罐做的"埃菲尔铁塔"……生活为教育提供了无穷无尽的素材，如何利用需要我们认真思考。阅览室的设计既有个性又特别实用，外可藏书，内可供孩子们舒适地坐下来阅读，使孩子们真正能在此"品书香，享书乐"。走廊上精致的小柜子不仅给孩子们提供了一个放置物品的地方，而且别致的设计也为走廊增添了一分色彩。读书角的假山、喷泉、翠竹……动静结合，孩子们能在此读书岂不是一种享受？废旧光盘、盘子做成的造型，和我们学校的似曾相识而又有所不同。书法教室的设计别具一格，身处其中便有挥笔写字的冲动。教室外墙用软纸覆盖，防止孩子们玩耍时碰伤。墙体上方合理利用，设置诸多板块，如"童星足迹""微笑点赞墙"等，实实在在的设计，在方方面面都得到印证。

郑州之行

一天的学习，有收获，有思考，还有些纠结。

互动话题，轻松幽默

从古至今，"古板"在人们眼里就是教师的代名词，看来老师幽默智慧已不仅仅是学生的需要，更是适应社会发展的需要。比如罗鸣亮老师的开场白：

师："同学们好！"

生："老师好！"

师："同学们乖！"

生："老师乖！"

师："同学们辛苦了！"

生："老师辛苦了！"

…………

张齐华老师的开场白：

师："你们是哪个班的？"

生："五（2）班。"

师："你们五年级哪个班最优秀？"

生:"五(2)班。"

师:"你们是被精挑细选的吗?"

生:"是。"

师:"这么好的班级,还是精挑细选的,如果上不好该怨谁呢?孩子们你们别担心,今天的三千多人来这儿不是看你们的,是看我的,所以你们要做到目中无人,但得有张老师哟!"

也许当您读这些话时,感觉平淡无奇,可平淡的语言被两位老师演绎得非常精彩。主持人说:"张齐华老师有当演员的潜质。"我想演员的基本功也许就是未来老师应具备的素养之一吧!

科学评价学生,教学愈发完美

课堂上,教师对学生的评价语非常重要,恰当的评价往往能激发学生的学习激情,使之全身心地投入到学习中。

比如余英老师在带领孩子们玩游戏时,有的孩子输了,余老师给输的孩子的评价是:"与强者一起,你会越来越强。"

当学生中有不同意见时,张齐华老师给予的评价是:"我最欣赏的就是我们班永远有不一样的想法。"

当孩子们画出的圆比较独特时,张老师的评价是:"刚才我让同学们画圆,可有一个孩子画的圆把我震撼了。"

当学生把多个同心圆想象成不同实物时,张老师的评价是:"多有文学味!""多有当厨师的潜质!"……

当张老师给出半径是15厘米的物体,让孩子们选择是直接欣赏物体还是猜一猜时,是这样问话的:"聪明的五(2)班的孩子们,你们是想直接看答案,还是先猜测再欣赏答案呢?"试想,老师都夸学生聪明了,学生肯定是先猜答案了！这也正是张老师想要的结果。

数学游戏的课程与思考

记得有一次，杨老师在给数学老师讲课时感叹："如今的数学老师是种着别人的地，荒了自己的田。"其想表达的意思就是在校本课程开发这一块，开发自己专业课程者较少。此时我心中窃喜，还好，这个学期我把自己的校本课程改为数学游戏，通过游戏感悟数学的真谛。

今天，听完余英老师的"数学游戏"之后，我再次为自己的选择而骄傲。因每天只有一节数学课，教学任务紧张，所以在校园中很难看到孩子们玩游戏的身影，而正是游戏的课堂才让学生有了一点点感悟、一点点积累。余老师带领他的团队已对数学游戏课进行了系统的开发，并有一定的思考，我却只是刚刚开始。然而我坚信，只要坚持做对的事情，总会看到风雨过后的彩虹。

你想要什么？

"你想要什么？"是困扰我将近半个学期的问题，郑州之行我似乎找到了答案。

张齐华老师说："如果你想发展学生的数学思维，发展学生的数学素养，培养学生的想象力，那就让学生充分体验。"

余英老师说："让孩子们在玩游戏中体会玩游戏的目的，从而学会有思考地判断。"

吴正宪老师说："培养学生提出问题的能力，如何让学生的思维像剥洋葱一样不断展开，方法之一就是让学生充分体验。"

之前，我总认为只有讲解到位，学生才能理解深刻，才会有好的成绩。而今，从这些名师的课堂中我感悟到，要想让知识成为学生自己的知识，还需要把更多的时间、机会留给学生，让学生在亲身体验中感悟。

最后，我也想把吴正宪老师的四句话分享给大家：在育人过程中，没有什么比保护学生的自尊心、自信心更重要；在学习过程中，没有什么比激发学生的兴趣、保护好学生的好奇心更重要；在交往过程中，没有什么比尊重个性、真诚交流更重要；在成长过程中，没有什么比养成良好的习惯更重要。

回程的列车缓缓开启，我的思绪仿佛还停留在郑州体育馆的现场，仿佛还在为专家的某一句触动心灵的话而激动地再次鼓掌，仿佛又听到了孩子们课堂上精彩的发言，仿佛眼前清晰地呈现出孩子们思维一次次碰撞的画面……在我感叹专家以大爱为前提来展示一节课时，我对自己的课堂更多了一分坚定。正如徐斌老师所说："不同的人所呈现的课堂不同，但希望更多的老师能超越知识，关注知识以外的东西，力争做一个大格局的人。"

回顾两天的学习，吴正宪、张齐华、强震球三位老师提到最多的词是"体验"，通过体验，经历一次次生命的成长历程；徐长青、蔡宏圣、罗明亮三位老师的课程里融入最多的是一种思想，即培养学生用数学的眼光看世界，用数学的思维想世界，用数学的语言分析世界；徐斌、付永平两位老师重在培养学生提出问题的能力，因为提出问题远比解决问题更重要；余英老师的游戏教学作为校本课程的开发和研究，提出不是所有问题都能在课上得以解决，挖掘知识的深度、拓展知识的广度，需要大量的时间让孩子们感悟、体验，继而悟出其中的道理……

两天半的静心聆听，九节不同风格的数学课，让自己对数学教学的认识向前迈进了一步，深知我的课堂与理想中的高度相差甚远，也从不敢有非分之想，更学不来专家那浅显中见深刻、深刻中见新颖、平凡中见经典的数学课堂，但最起码给我提供了一种成长的思路。今天的数名专家，能站在这个舞台上演绎经典，无一不是心无旁骛地在教育之路上探索数年，历经破茧成蝶的痛苦。不经历风雨，又怎能见彩虹？带着对教育的期盼、对理想课堂的向往，我们一起前行。

让学习像呼吸一样自然

我仰慕华应龙校长已多年，尤其是他能将数学作为自己修身、育人、立命的根本令我动容。当我有幸亲临现场听华校长的数学课时，顿时心潮澎湃。

"孩子们上课可不可以笑？"学生一时不知如何回答。

"学校学校，就是学笑的。"华校长简单幽默的回答使在场的所有人都笑了起来。

一句简单的交流达到了与孩子们互动的目的，从而也体现了华校长的幽默与平易近人。整堂课，华校长留给我最深的印象就是笑，一字一句，甚至每一个动作中都带着笑。

今天，华校长带给我们的是三年级的一节课——《面积》。

教学设计：

出示照片——手工织布。

问题一：说一说有关积（ ）成（ ）的成语？

（如：积水成渊、积沙成滩、积少成多、积劳成疾……）

问题二：若从数学角度说，有积（ ）成（ ）？

孩子们的回答是积线成布。华校长抓住课堂生成，改成积线成面。

问题三：生活中还有积线成面的现象吗？请说出不一样的形象。

（如：毛巾、凉席、窗帘……）

华校长引导孩子，从书中找出积线成面的现象。

问题四：比较两本书积线所成的面，哪个面大？

问题五：如果离得很远，看不清哪个面大，你会问一个什么问题？

问题六：看到面会想到面的里边有很多线，还有什么？

观看动画片《白雪公主和七个小矮人》。

问题七：要比较两张床的大小，有什么办法？

孩子们想到了测量。那么该如何测量？孩子们猜测用身体测量、用枕头测量时，"王子"告诉大家，用相同的坐垫摆一摆。

问题八：比较镜子的大小，用什么办法？（用相同的手帕摆一摆）

问题九：比较餐桌的大小，用什么办法？（用相同的餐盘摆一摆）

问题十：他们是想了什么办法比较出来的？三次比较有什么共同的地方？

问题十一：如果你是作家，该如何往下编故事？

问题十二：给出一个正方形和一个长方形，你能否创造出比较大小的方法？

孩子们开动脑筋，看一看：正方形面积大还是长方形面积大？

想一想：如果里边有什么就好了？

画一画：面的里边有什么？我们怎么借助它比出大小？

当孩子们独立思考后，华校长鼓励孩子们离开自己的座位，带着自己的作品找好朋友进行交流。

问题十三：哪位同学在交流后有所改进？并敢于把自己改进的作品与大家分享，告诉大家"我想这么改进，为什么这么改进"。

问题十四：无论哪一种比法都是在里边创造了图形，我们可以说积（　）成（　）？

问题十五：你在哪儿听说过面积？

好，下课了！

"下课了？"好突然，师生意犹未尽。我不禁想到了一个问题：为什么华校长执教的50分钟，会让大家有一种"弹指间"的感觉？我想这正是华校长所追求的课堂——让学习像呼吸一样自然。

学科间的自然融合：从说成语积（　　）成（　　）切入，自然而然地把数学学科和其他学科相融合。

互学的真谛：为什么华校长要让所有的孩子带着作品站起来和好朋友交流呢？"你是这样的，我是这样的，啊，原来是这样的！"这不正是互相学习的真谛吗？

错误资源的有效利用：每次听课，老师们总会让做得好、讲得好的孩子到台前进行展示，而华校长却是让有需要改进的孩子来展示他的作品，并要讲出自己为什么要改。在展示的过程中，第二个同学非常坚决地说不需要改进，她认为不需要改进的原因是她把正方形和长方形都平均分成了16格，并认为格数相同，所以面积就相同。正是这个错误资源的有效利用再次提醒孩子，虽然它们的格数相同，但是每一格的大小却是不同的，学生自然而然地就明白了，要比较长方形和正方形的大小，需要用统一的标准进行测量。

数学之美

周四是我们数学组的教研活动时间，这次我们全体数学老师要观摩来自总校云平台转播的几节数学课，这是一次难得的学习机会。我要认真聆听，深入思考，定有所获。

晚上，我静静地翻看今天的学习笔记，几十张记录纸被我密密麻麻地画得失去了它原本的模样，然而这凌乱之中，却隐藏着各位做课老师巧妙的课堂设计对我的启发，隐藏着华应龙校长高屋建瓴的评课对我的引领，隐藏着总校"以爱育爱"的育人理念对我的又一次启迪，隐藏着我对"教育"一词的进一步理解，收获满满，感动满满。

欣赏着，思索着……每一个精彩的瞬间仿佛再次浮现在我的脑海里，那一句句暖心的话语再次感动着我这颗敏感的心。

感受之一：尊重是人之美德

"如果我们不能互相理解，那么让我们先学会彼此尊重。"尊重不仅仅是对他人想法、成果的珍惜，也是对他人心灵的保护。课堂上的分分秒秒，我们的做课老师都把学生的身心不受伤害作为育人的前提。密云三小的刘莹老师是这样尊重她的学生的：当一个学生量出一个三角形的周长是42厘米时，老师没有马上告诉他，他的答案是错误的，而是让他到讲台上量一量。这样做不仅是对孩子的一种尊重，而且及时抓住课堂生成，成为珍贵的课堂资源……我们尊敬的华校长在评课时，当自己的想法与做课老师的想法有所不同时，他不是直接把自己的想法推荐给老师或强加给老师，而是说："有一个问题我要与你探讨一下。"在尊重他人想法的基础上力争有新的突破。尊重他人是一种美德，愿这种美德在每一个人的心中生根发芽。

感受之二：自然的才是最美的

完美的课堂应该是自然的、原生态的，不带有任何雕琢的，孩子们在课堂上或对或错，或快乐或沮丧，恰恰反映出教师调控课堂、设计教学环节、整合教材的一种能力。今天延安分校的刘艳华老师、总校的刘劲苓老师在对教材整合这一块儿给予了我极大的启发，原来教材可以做出这样大胆的变动，教材仅仅是为大家服务的样本，教学中我们要根据具体的需要、学生的情况进行整合。要给予学生充分的时间去经历、探究、思考，让自然的东西多一些，而非急功近利地呈现理论上的完美，却把孩子的思维禁锢在一个事先设定好的笼子里。

感受之三：广博的知识凸显教师的魅力

无论是先前的"给学生一碗水，教师要有一桶水"，还是如今的"一泉水"，归根结底教师要拥有渊博的知识：课内的、课外的、理论的、实践的……知识的渗透不仅能激发学生学习的兴趣，还能让学生感受到学有所用，数学源于生活，并服务于生活。今天，李艳华老师把美国金门大桥道路行驶模式拓展到加法交换律中，让孩子们感受到一个简单的点子不仅可以解决上下班堵车问题，而且为当地节约了上亿美元的资金；刘劲苓老师引出的一个关于日本山田本一的故事，使学生明白生活中要学会用智慧战胜对手，就如山田本一一样，把所跑路线划分成一个个小目标，才更容易成功；华校长提到的吴文俊先生最早提出的"出入补白"，卢梭的那句"最重要的教育原则是不要爱惜时间，要浪费时间"等经典语句不仅给我留下了深刻的印象，更让我意识到自己知识的匮乏，让坐在转播教室里的我心生阵阵恐慌：就教材教知识这样的事实还要在自己身上侵蚀多久？

"勇敢地退，适时地进"这一课堂模式在我脑海里存在已有两年之久，无论是对进退的研究，还是对自然纯朴课堂的追求，其目的都是使我们能关注学生生命的成长，为学生的长远发展做好服务。

懵懂　迷茫　清晰

在南京两天的学习令我几分欣喜，几度忧伤。如果用一句话表达我的想法，就是"欣喜着我的发现，悲伤着我的发现"。

欣喜一

如今上课老师所选的课型更能抓住孩子的天性——玩，例如《月历中的数学奥秘》《玩转长方体的面》《数说长征》等。玩儿是孩子的天性，教育界人士倡导玩儿中学，学中悟，悟中思，这也许就是我们数学老师应努力的方向。

以《玩转长方体的面》为例，其实这节课就是在研究长方体面之间的关系，然而老师在设计这节课时紧紧抓住一个点进行深度挖掘，通过拼一拼、摆一摆、想一想、说一说，充分认知、拓展，看似一节课只探究了一个知识点，但在"浪费"时间的过程中，孩子们的思维得以拓展、提升，为后续的学习、深度交流提供素材，对培养孩子的空间想象力起到了引领作用。

一节课短短40分钟，真正以学生为主的课堂是承载不了太多的知识点的，审视我们的课堂，虽已告别填鸭式教学的时代，但能否再提升一下课堂品质？答案是肯定的。

欣喜二

"师傅的化错是在做'如心'的事业。师傅一路研究化错的过程,是立足传统的过程。"

"汽车来到收费站,栏杆从关闭到打开。"

"长江——中华民族的摇篮,长城——中华民族的象征,长征——中华民族的骄傲……"

"鸟儿都飞不过去的雪山,红军都爬过去了,靠的是什么?是草鞋,是单衣……更是毅力。"

"每个人都要走自己的长征路。"

…………

这些普通的文字谁都会读,所不同的是,教师用诗意的语言讲出来的那一刻,陶醉了在场的众多师生。教师具有感染力的语言会使我们的孩子多么渴望能多享受一会儿啊!是否要保护好我们的嗓音,修炼自己的语言,提升自己的说话能力?答案是肯定的。

欣喜三

无论是借助于错题开始研究课堂,还是捕捉课堂生成中的错误资源,有效利用错误,其目的都是在锻炼孩子们的化错能力,这既保护了孩子的自信心,又提升了孩子的学习能力。以《数说长征》为例:

师:"长征到底有多长?如何描述它的长度?"

生:"地球赤道一圈有400000千米,长征的长度是赤道一周的1/160。"

师:"真的吗?你确定吗?"

生:"是的。"

师:"哦!那是我记错了吧!"

出示课件："地球赤道一圈有40000千米。"

师："这是我在网络上查到的资料，不知道会不会错。"

生："哦！是我记错了。"

学生板演：$400000 \div 12500 \approx 32$。

当学生板演时又一次把40000千米写成400000千米时，老师机智幽默地说："你这样坚持，我都觉得我错了。你不要相信我，也不能相信别人，今天我们就研究到32倍，你可以下去继续查阅资料，因为我已不相信自己查阅的资料了。此时，数据不重要，重要的是我们学会了比较。"

在我们的课堂上是否也能多给孩子一点时间、一点耐心，让他们在错误中多待一会儿，使他们依靠自己的能力跨越知识的障碍？答案是肯定的。

欣喜四

教师幽默的语言是课堂的调节剂："特级教师就是特别积极思考的教师。""因为没有掌声，因为掌声不够热烈，因为掌声不够持久。""同意的举手，不同意的举手，没举手的举手。""师傅是一座火山，因为热情，我永远无法逾越。"……

一句话，用得恰到好处，这是教师的智慧，更是做人的智慧。是否继续修炼自己，提升自己的语言魅力？答案是肯定的。

"数学老师要有语文老师的情怀。如果一节课没有直达内心的语言，没有震撼人心的地方，可能就会有一丝遗憾。"作为一名数学老师，是否要具备一些语文老师的素养？答案是肯定的。

正当我欣喜于自己的发现，觉得对一节好课有那么一点清晰的认知时，专家委婉的评课建议给了我当头一棒："数据与数感是一样的概念吗？""究竟数学课是用脑的，还是用手的？""能否在课前让孩子查一查影响体积的要素有哪些，测量体积有哪些方法？""《圆的认识》设计很新颖，有值得借鉴的地方，但后面一些实物，如锅、碗、盆、自行车有没有必要出现？""教学目标的撰写是否应更明白？""复习课是不是仅仅把所学知识理清楚？能否在复习的基础上有所提升？能否再多一些思考？""创新不仅仅是标新立异，更是让我们的学生长本事，使我们师生共成长。"……

听着听着我迷茫了，发现原本的一点认知真的只是皮毛，甚至太过于肤浅、无知。究竟什么是学生的核心素养？我具备哪些数学素养？学生终身学习所必需的素养在我的课堂中如何体现？我有没有具备良好的数学教育？体现我的教育追求的教学是什么样子？体现我的教育的最高追求的教学是什么样子？我的强项是什么？我的专长是什么？当这一个个问题在我的脑海中盘旋时，我彻底迷茫了……

"路曼曼其修远兮"，我唯一能做的是认清自己，找到自己的强项，拓展自己的视野，拥有海纳百川的情怀。

磨课之快乐

做一名有尊严的教育工作者一直是我的梦想。从邯郸学步，到开拓创新，近年，在教师"勇敢地退，适时地进"这一理念的指引下，我大胆放手，把课堂还给孩子，一次次尝试，一点点磨炼，最终战胜自己，形成了自己的教学风格。

这次，我要代表学校上一节五校联盟的研讨课，这可是我第一次外出上课呀！我抑制不住内心的喜悦，第一时间发微信给朋友："学校这么多人，我定是幸运的一位，我要抓住这难得的机会，好好准备。学校不仅给我搭建好了平台，还有杨老师坐镇，如此给力的资源，我定要好好珍惜。"

翻看教材，适合讲解的问题太少，最后在教研室张红利老师的点化下，我选择了《探索图形解决问题》。翻看教参、收集资料、整理出教案，这一切工作在我激动与积极的心态下顺利完成。

揣着这份"宝贝"去和杨老师交流意见。杨老师的一个问题让我顿悟："你让孩子把小正方体拼成大正方体，这很好，能激发孩子的学习兴趣，课堂上孩子们也动起来了。可是，我们要研究的是涂色问题，这样拼会浪费大量时间，万一手一碰，小正方体散落一地，不就失去了拼的意义了吗？"对呀！我怎么没想到？"这个地方不如换成直接在包装好的正方体面上进行平均分，分割成看似小正方体拼成的大正方体，我们的目的就是观察。"杨老师诚恳地说。

"课设计得不错，但要设计出我们的风格，就是化繁为简。我们要有自己的设计，比如两面涂色的小正方体在正方体的棱上，我们就观察一条棱上小正方体个数变化时，两面涂色的正方体个数有何变化，从而总结出两面涂色的小正方体个数与棱的关系。一面涂色的小正方体个数就从一个面的变化入手……"杨老师细致入微地对每一个教学环节进行指导。经过几次更改，我终于确定了各教学环节和知识点之间的衔接。

教案设计完之后，便是课件制作。我从自己的经验入手制作正方体，一个正方体的制作需要几十条线的组合，不断摸索动画设计，并请何楷老师给予指导。当我每一次把做好的课件发给杨老师时，杨老师总是会说："如果这样做会更好一些。"然后教我如何画图，如何组合，如何设计动画，如何搭配色彩，如何用最简单的图片完成教学……他从来没有半句指责，尽心尽力地指导我的每一步操作。

第一次要在这么多人面前上课，我心中不免有些害怕。我每次跟杨老师说自己的担忧时，他总是笑着说："害怕啥？每个人都要走出这一步。别担心，你会做得很好。"

同年级的两个姐姐非常支持我，并不停地催促我试讲。我因为心里没底，迟迟不敢讲，面对两位极有数学教学思想的老师，更是不敢张口，生怕她们提出一大堆的问题，使自己一下子丧失斗志，可又渴望得到她们的指点。思虑片刻，既然这一天终归要来，不如就让它来得早一些、来得更猛烈些吧。

我首先选择五（3）班试讲，因为要讲解的问题难度较大，所以在基础薄弱的班级试讲最能试出问题。当学生不能及时答出我想要的答案时，我的引导就至关重要。在我的引导之下，课上得还算顺利，也能按时结束。评课中，没有自己想象的那么糟糕，我懂他们是在给我勇气，在鼓励我。利文老师提到两点：一是由一个题目的渗透就得出规律，有些牵强；另一个是课堂上依然把学生把持得较死，要给学生足够的思考时间，给学生足够的交流时间。她所提的问题就是我致命的弱点。总校的课堂理念是"勇敢地退，适时地进"，而自己在教学中总也退不下来，生怕退下来后孩子们学不会。

我对课的设计稍作调整，下午继续试讲。谁知调整之后的课反倒更加糟糕，仅"把正方体分割成棱长1厘米的小正方体"这一个问题，学生们就纠结了8分钟，以至于课不能按时结束。第二次试课以失败而告终。

还好离上研讨课还有一段时间，我可以静下心来慢慢思考，反复试讲。

盼望着，盼望着，这一天终于来了。当站在期待的舞台上时，我内心无比激动，梦想着自己期待的场景一幕幕上演。

感谢陪我一起走过的朋友，在一起，真好！真心感谢这次讲课，这定是对我一次很好的历练，一次逼迫自己成长的机会，一次得到杨老师一点一滴指导的机会。教学之路漫长而又充满期待，今天的我也许是一只笨鸟，但要努力做先飞的那只。

绽放精彩

教师勇敢地退，适时地进，课堂上我们应给孩子们创造机会，当我们把孩子推到舞台的中央，精彩绽放已不再是幻想。

学霸小高

夸小高聪明睿智,那可不是吹的。让我们走近小高,听一听他的精彩故事吧!

题目如下:一个颁奖台是由3个长方体合并而成的(如下图),它的前、后两面涂上黄色油漆,其他露出来的面涂红色油漆。涂黄色油漆和红色油漆的面积各是多少?

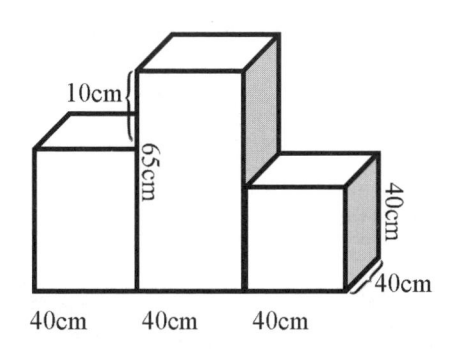

在求涂黄色油漆的面积时,大多数孩子采用的方法是:分别求出三个长方体前面一个面的面积,然后用三个面的面积之和乘2。具体算式为 [40×(65-10)+40×65+40×40]×2。

正当我准备宣布交流下一个环节时,小高同学迫不及待地说还有一种方法，我疑惑地请他走上讲台，只见他拿起我事先准备好的模型，噌噌两下把三个长方体摞在一起，利用这三个长方体的长、宽分别相等的条件，把三个长方体摞在一起就正好拼成一个大长方体，这个大长方体的长为40cm，宽为40cm，高即为三个长方体高之和。求出大长方体前后面积之和即为涂黄色油漆的面积。具体算式为$40×(65-10+65+40)×2$。台下的孩子被小高娴熟的动作、敏捷的思维惊呆了，掌声热烈。

题目如下：一位木匠给老板干活，要干7天，但老板没有零钱付给他，只有一块长方体金条，正好能支付木匠的工钱，老板只给金条切了两刀，以保证每天能付给工匠工钱，该如何切呢？

解决这个问题时，大家的思维定式是怎么切能平均分成7块，而两刀就要平分成7块，这是不可能的。小高在解决这个问题时，先把长方体按体积大小分成7份，然后再切，第一刀切下1份，第二刀切下2份，剩余4份。

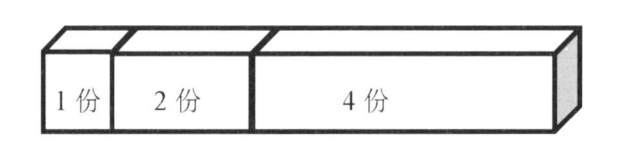

第一天，老板给工匠1份；

第二天，老板把2份的那一份给工匠，再要回来第一天的1份；

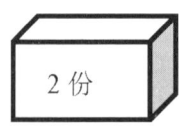

第三天，老板再给工匠1份；

| 1份 | 2份 |

第四天，老板把之前给的3份要回来，把4份的那块儿给工匠；

| 4份 |

第五天：老板再给工匠1份；

| 1份 | 4份 |

第六天：老板把2份的那一份给工匠，再要回来1份；

| 2份 | 4份 |

第七天：老板把最后的1份给工匠。

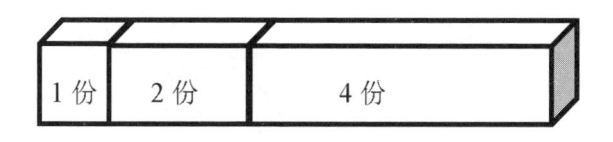

| 1份 | 2份 | 4份 |

哈哈，问题解决了！

这仅仅是小高课堂上思维敏捷、思路清晰地给大家讲题的一个缩影。如今的小高不仅自己占据学霸的位置，更是带动小组勇往直前，成为他们小组的主心骨。家长会上，小高带领自己的小组制定新学期的目标；新年晚会上，他积极带领本组学生设计节目，并主动申请做主持人。如此自信、乐观、睿智的"帅哥"想不让人夸都难！

我的"小王老师"

"老师,请教您一个问题吧!"小王可是我们班的数学天才,他问我的问题一定是高难度的。唉!我不知又要死掉多少脑细胞。但每次小王拿过来的题目都是那么与众不同,打破传统思维限制,让我有所收获,这一道道题像一只只婴儿的小手,挠得我心痒痒。

"老师,我有500个苹果,给你9个箱子,怎么分不用拆箱就可以拿到你想要的数量?"

天哪!500个苹果,只有9个箱子,还想要几个就给几个,不能拆箱子,这可咋分?我想了半天,毫无头绪,可甘拜下风不是我的风格呀!冷静,一定要冷静,会有答案的,要相信自己的能力。"山重水复疑无路,柳暗花明又一村。"我突然想起小高给大家讲解的老板给工匠付工钱的那道题,打破传统思维,是不是就会有新的突破呢?想到这里,我茅塞顿开:

条件中没有给出足够的箱子,总共只有9个箱子,第一个箱子里装1个;第二个箱子里装2个;如果客人要3个咋办?有了,我就把前两箱都给他,1+2=3嘛。要4个苹果咋办?前两箱凑不够呀!嘿嘿!那就在第三个箱子里装4个吧!我们不难发现每新用的一个箱子所装的苹果数应是已装各箱子内的苹果数的总和加1。因此,可以设计一个这样的方案,各箱所装的苹果数应为:1、2、

4、8、16、32、64、128，因为前8个箱子已经装了255个，所以最后一个箱子装的个数为500－255＝245个。哈哈，终于搞出答案了，这下可以向"小王老师"交差了。

"老师，您的答案是正确的。"

"哦！哼哼……你是不是在考我？"幸好今天我没丢脸。

"做不出来也没关系，我可以告诉您。这道题是不是挺有意思的？再给您出道更离谱的题吧！"小王说。

…………

如今，我的"小王老师"几乎每两天都会给我出一题，看似在问我，其实是在考我，当然，更是在教我，那些怪异的题目在挑战我智商的同时也让我增长了见识。难得遇到一位对数学如此痴迷的孩子，难得遇到一位能静心与我共同探讨数学的小老师，和这位自称智慧与帅气并存的"小王老师"一起成长，也是人生的一件乐事！

敢拼就是任性

题目：某厂工人要将长、宽各为20cm，高为10cm的长方体茶叶盒装入棱长为30cm的正方体纸盒，最多能装几盒？怎么装？

看到此题后，部分孩子想到纸箱体积÷茶叶盒的体积=装几盒。立即有学生反对：这样的装法不可以，茶叶盒不像石子、沙子、水等物体能改变形状，所以要考虑实际情况。

的确，要解决这个问题，就需要孩子们在头脑中形成真实摆放的模型。先考虑沿"高"放，30÷10=3，可以放3层，再考虑沿"长"放，继而考虑沿"宽"放，并在黑板上把每一步放法呈现出来。我如此讲述，空间想象能力弱的孩子听得一头雾水。无奈，来点儿实际操作吧！把这道题布置成课下延伸作业，建议孩子们分组做一做，摆一摆。

第二天，我到校看到了惊人的一幕。大多数孩子在制作时没有想到把原图缩小制作，所以静涵搬来个大箱子，其余孩子纷纷把自己制作的"茶叶盒"送到办公室。看到孩子们的作品，我也是"醉"了，且不说质量有多精细，就做盒子的材料也是拼了力找到的：废旧的蛋糕盒、家里的大地图、旧挂历、心爱的彩色卡纸……看来，为了能使这道题更加清晰地呈现给大家，我们的每一个小组还是蛮拼的。

重讲此题，不费吹灰之力，孩子们的各种装法，一目了然，胜过老师清晰的语言描述。课堂的精彩源自学生，力争把学生推向舞台中央，让学生成为课堂上最亮丽的风景，我一直在努力。

正方体平面展开图

常见的正方体平面展开图究竟有几种不同的形状呢？对于这个问题，部分学生想象起来十分困难。我在课堂上引导学生通过动手操作、观看视频，了解了正方体展开过程，但受时间限制没能把各种情况总结出来。为此，我把探索正方体表面展开图作为课下延伸任务。

突破组哲哲带领本组同学利用课余时间探索出了正方体表面展开图的11种情况；为了更清晰地展示给大家，　　主动承担美工任务，晚上花费一个多小时用彩色卡纸一一制作出来。闪耀组成员静静同样探索出11种正方体表面展开图，并清楚地画在A3纸上；该小组的丁丁还把11种情况做成PPT进行展示。我本以为是孩子的电脑水平高，才想到制作PPT，可谁知他是为了更直观地演示，用了近4个小时的时间才完成，这真的让我感到很意外。孩子们为此做出的努力本身就是他们最大的收获。

当这11种展开图一同展示在黑板上时，孩子们马上就发现，这11种平面展开图可以分成四大类，即一四一型、二三一型、二二二型、三三型，并且小贾同学在研究时还发现当展开图中出现"田"字或"凹"字时不能拼成正方体。

图1　　　图2　　　图3　　　图4　　　图5　　　图6

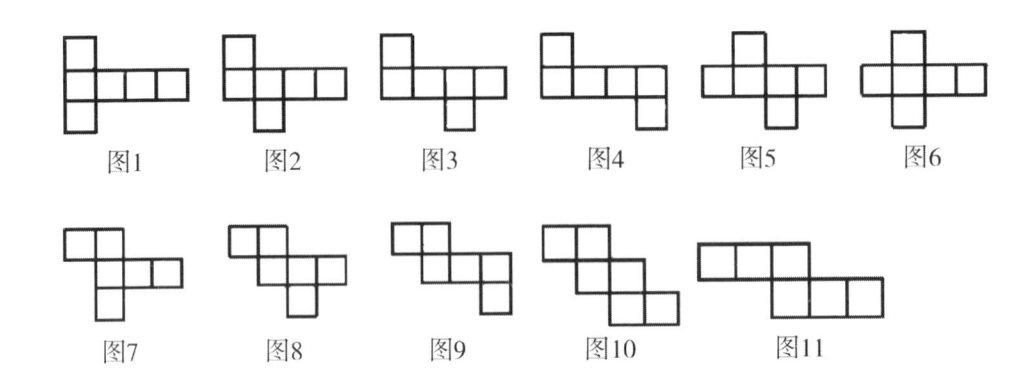

图7　　　图8　　　图9　　　图10　　　图11

当然，孩子们在探索过程中有借助外力的可能性，但无论如何，能把收获与大家分享，让更多的孩子对正方体表面展开图有所了解，有更进一步的认知，就是最好的结果。

然后，我们又探索了长方体表面积的变化：

用8个小正方体拼成一个大正方体。

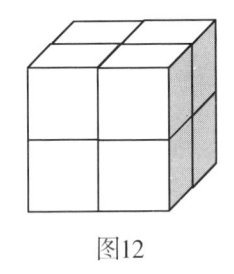

图12

拿走1个小正方体，则剩下图形的表面积和原来比（　　　　）（填"增加了""减少了"或"不变"）。

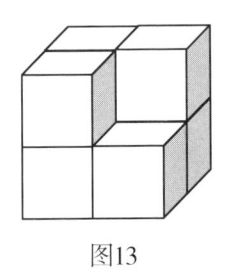

图13

看到题目后,学生快速得出结论——不变。因为每个小正方体共有6个面,组成一个大正方体时有3个面看不到,当拿走1个小正方体时,原本看不到的3个面就露出来了,虽减少了3个面,但同时也增加了3个面,所以面积不变。

把小正方体的个数增加到12个,拼成一个长方体。

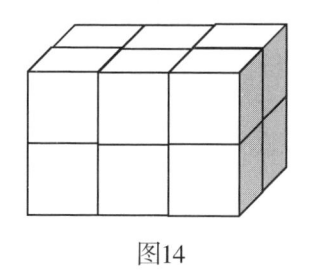

图14

从长方体的一条棱上拿走1个小正方体,则剩下图形的表面积和原来比(　　)(填"增加了""减少了"或"不变")。

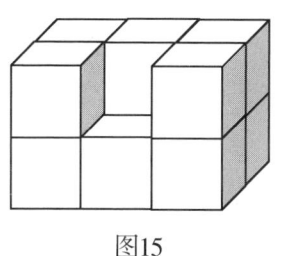

图15

学生发现,原本棱上的小正方体有2个面露在外面,当拿走1个小正方体后,藏在里面的4个面露出来了,和原来相比增加了2个面。

把小正方体的个数增加到18个,拼成一个长方体。

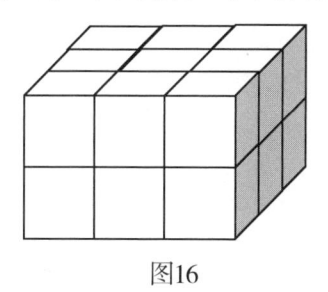

图16

从长方体的一个面的中间拿走1个小正方体，则剩下图形的表面积和原来比（　　　　）（填"增加了""减少了"或"不变"）。

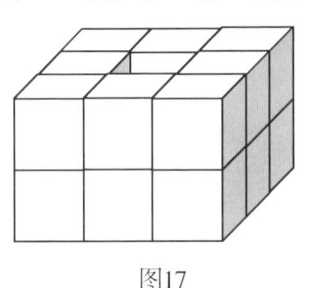

图17

学生很快发现，原本中间的这个小正方体只有1个面露在外面，当拿走1个小正方体后，藏在里面的5个面露出来了，和原来相比增加了4个面。

此时，哲哲同学边举手边迫不及待地说："老师，我发现规律了——如果从顶点拿掉1个正方体，原本藏在里面的是3个面，拿走后露出的也是3个面；如果从棱上拿掉1个正方体，原本藏在里面的是4个面，拿走后露出的也是4个面；如果从中间面上拿走1个正方体，原本藏在里面的是5个面，拿走后露出的也是5个面。也就是说，原本藏在里面几个面，拿走后露出的就是几个面，我们也可以用正方体6个面减去原本露在外面的面的个数，就是拿走后露出的面的个数。"妈呀！一番话把部分孩子说得一头雾水，不过仔细琢磨还真有道理，你不妨细细品品，相信会有收获。

意外的是，有一个孩子说："如果拿走的正方体是在一个大正方体的正中心，原本一个面都没露出来，那么以上结论还成立吗？"还成立吗？您说呢？

一题之究

把圆柱形物体分别捆成如图1所示的形状（从底面方向看），如果接头处不计，每组至少需要多长的绳子？你发现了什么？

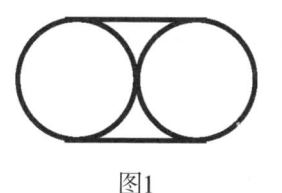

图1

孩子们很快发现两个圆柱捆在一起时，它的绳子长应该等于圆的两条直径加一个圆的周长。

我继而出示3个圆柱捆在一起（图2）、4个圆柱捆在一起（图3）所需绳长该如何计算。

图2 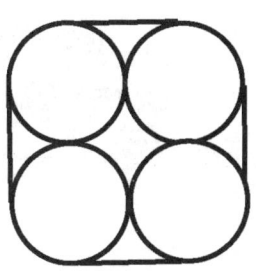　　　　　图3

孩子们最先攻破的是4个圆柱捆在一起所需绳长是4条直径加上1个圆的周长。他们连接圆心和切点之间的半径后，发现每边直的部分是圆的直径，弯曲部分是圆周长的1/4，4个圆周长的1/4正好组成一个圆，故得出以上结论。再由以上结论猜测出3个圆捆在一起时所需绳长是3个直径加1个圆的周长。为了验证这一结论的成立，孩子们同样连接圆心和切点之间的半径，得到三边是3条直径，弯曲部分是3个圆心角为120°的扇形，3个扇形合起来就是一个圆。当孩子们还沉浸在成功的喜悦中时，小马脱口而出："有几个圆捆在一起，它的绳长就是几条直径加1个圆的周长。"

"真的是这样吗？我能举出一个反例。"凯凯不慌不忙地在黑板上画出9个圆柱捆在一起的图形（图4），以此验证这一结果的正确性。

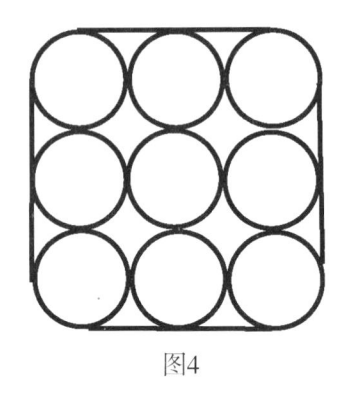

图4

结果发现9个圆柱捆在一起只有8条直径加上1个圆的周长。看来，由三个例子就想总结规律为时尚早。

小马不服："为什么我们不能换个思维画图呢？我画的图形和你的不同，所以我得到的结论就是9条直径加上1个圆的周长。"说完，小马也上台画出他心目中的图形（图5）。

图5

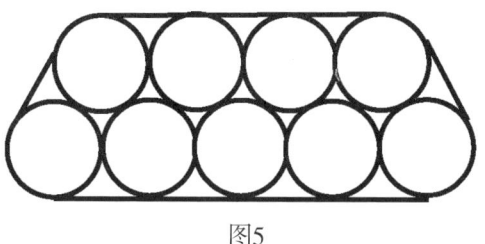

事实胜于雄辩。

"可为什么同样是9个圆柱,有时所需绳长是8条直径加1个圆的周长,有时是9条直径加1个圆的周长呢?"我问大家。

大家不约而同地说:"画图方法不同呗。"

然而,每每此时总会有那么一两个孩子上演"柳暗花明又一村"的情景。我说:"用心观察这几幅图,我们就会发现,绳长不是跟圆的数量有关,而是跟与绳子相接触的圆的数量有关。比如:9个圆柱捆在一起,第一幅图有8个圆与绳子接触,其中有1个圆在中心,不能与绳子接触。所以绳长等于1个圆的周长加8条直径。而第二幅图9个圆都与绳子接触了,所以绳长就是9条直径加上1个圆的周长。"

凯凯迫不及待地说:"这道题是求至少需要多长的绳子,所以我认为第一幅图是对的,也就是圆的周长加8条直径。如果求最多需要多长的绳子,那么小马的方法是正确的。"欣赏着孩子们精彩的辩论,我心中窃喜。孩子们不仅能总结出解决这类题的规律,而且能探究出绳子最长的计算方法和最短的计算方法,不得不令人佩服。课堂的美景在学生,只有我们适当地退下来,才能给学生创造更多的机会,绽放他们的精彩。

比例的基本性质

如何区分比例的两个内项和外项？为什么"在比例里两个内项的积等于两个外项的积"？这是讲比例基本性质时孩子们最想弄懂的两个问题。既然孩子们渴望求真，我不妨就把机会留给孩子，让他们利用小组的力量共同探讨、论证，充分相信孩子，或许就会有意外之喜。一番争论之后，凯凯第一个发言："同学们，我们发现离等号近的两个数是内项，离等号远的两个数是外项。因为比还可以写成分数形式，可写成分数形式后有些同学就分不清外项和内项了。针对这种情况，我们研究出一个办法。大家看，比原来可以写成外项∶内项=内项∶外项，如果写成分数形式就可以写成外项/内项=内项/外项，这样大家是否就明白为什么外项一会儿在分子的位置，一会儿又变到了分母的位置了？"凯凯的分享的确使很多在写比例时内、外项不分的孩子豁然开朗。

"我们组要给大家分享的是在比例里内项积为什么等于外项积。比如 $a:b=c:d$，我们可以写成 $a/b=c/d$，然后把等式两边同时先乘 d，再同时乘 b，这样等式就变成 $ad=bc$ 了，a、d 正好是外项，b、c 正好是内项，所以内项积等于外项积。"潇潇的分析十分到位，借助于旧知识"等式两边同时乘一个相同的数，结果仍是等式"，解决了新问题，实现了学以致用！

"我也向大家推荐一下我们组的方法,我们写出了很多组比,先判断它们能否组成比例,然后发现能组成比例的等式内项积和外项积都相等,不能组成比例的式子内项积不等于外项积,所以确定在比例里内项积等于外项积。"静静通过摆事实的方法论证自己组的猜测是成立的。

"我们组的方法是扩倍,因为比的前项和后项同时扩大或缩小相同的倍数,比值不变,我们可以把左边的式子通过扩倍变得和右边的式子相等,这样很容易看出内项积等于外项积。"小高也不甘示弱。

"能扩倍,当然也可以把等式右边的式子进行缩倍变得和左边的一样。"昊昊的办法也不错。

我真的没想到孩子们能自己提出问题并通过小组合作进行论证,解决棘手的问题。把课堂还给孩子,真正体现孩子们的主体地位,我坚信,这样的课堂才是有生命的课堂。

一题多解

例题一：我们班打篮球共得42分，下半场得分是上半场得分的$\frac{1}{2}$，上、下半场各得多少分？

这是一道分数解决问题的题目。分数解决问题是我们学习的重点，而此类问题又是难点，难就难在题目中出现了两个未知量。化难为易是我们教师应具备的能力，为此我在课前事先设置一道同类型的小数解决问题的题目：张老师买了一套衣服共用868元，其中上衣价格是裤子的1.5倍，上衣和裤子各多少元？

这是一道五年级的小数数学问题，孩子们可以用方程解答，还可以用算术法。有了这道题解题思路的回顾、引领，我们再来解答今天的问题，孩子的思路彻底被打开了，一道题最终探讨出5种解题方法：

方法一：份数解决

抓住下半场得分是上半场得分的$\frac{1}{2}$。下半场是1份，上半场是2份，全场得分共3份。

42÷3=14（分）……下半场

14×2=28（分）……上半场

方法二：方程解决

上半场得分+下半场得分=全场得分

设下半场得x分,上半场得$2x$分。

$x+2x=42$

方法三:分数解决

此题的单位"1"是上半场得分,下半场相当于上半场的$\frac{1}{2}$。

$42÷(1+\frac{1}{2})=28$(分)……上半场

$28×\frac{1}{2}=14$(分)……下半场

方法四:假设法

假设$42÷2=21$(分)

21分成(7,7,7)可以把下半场中拿出一个7分给上半场,得到上半场28分,下半场14分。

方法五:二元一次方程组

设下半场得x分,上半场得y分。

$$\begin{cases} y=2x \\ x+y=42 \end{cases}$$

$x=14,y=28$

仅仅是一道题,孩子们就讨论出5种不同的解题方法。方程法是利用已有经验解决问题;算术法是孩子们利用数形结合找出具体量与对应份数,用除法解决;第四种虽具有一定的局限性,但充分说明孩子们对题意已进行了深入了解;令人吃惊的是第五名分享的同学,尽管他还不知道自己列出的是二元一次方程组,但已能用此方法解决问题。

例题二:按1∶4的比例配制了一瓶500毫升的稀释液,其中浓缩液和水的体积分别是多少?

在充分理解题意的基础上,我把课堂放手给孩子们。孩子们积极思考、探索，最后得出以下几种方法：

方法一：

1份：500÷（1+4）=100（毫升）

浓缩液：100×1=100（毫升）

水：100×4=400（毫升）

方法二：

浓缩液：$500 \times \frac{1}{1+4} = 100$（毫升）

水：$500 \times \frac{4}{1+4} = 400$（毫升）

方法三：

设1份为x毫升，则浓缩液有x毫升，水有$4x$毫升。

$x+4x=500$

$x=100$

水：500-100=400（毫升）

方法四：

由题意可知：浓缩液是水的$\frac{1}{4}$

水：$500 \div (1+\frac{1}{4}) = 400$（毫升）

浓缩液：500-400=100（毫升）

方法五：画线段图

浓缩液：1份

水：4份

总共是500毫升。

方法六：画出一个长方形，把长方形平均分成5份，1份是浓缩液，4份是水。

一种方法，一种思考，一种智慧，孩子们通过小组集体讨论，浓缩出这6种方法，每一个孩子的热情参与，都是基于今天成果的一份力量。每一个孩子都很棒。

　　课堂是老师和孩子的复合体，我们只要充分相信孩子，给孩子机会，就会有意想不到的收获。孩子的能力是无穷的，我们只有给他们搭建平台，才会创造出精彩的课堂。

和孩子一起成长

转眼间,专注小学数学教学已8年有余,回顾8年的点点滴滴,我收获颇多,感动亦多。8年的时间,我从看到小学生不知如何与之交流相处,看到小学教材只觉简单得无从下手,看到课堂上不能坚持认真听讲的孩子时只能声嘶力竭地压制,看到孩子的学习习惯、生活习惯不好时只能无奈叹息……到如今学会蹲下身来与孩子交流,学会用孩子的思维去解决问题,学会用赏识的语言去激励孩子,学会借助于各种平台去培养孩子积极向上的心态和细致认真的态度,学会积极地想办法去帮助孩子解决棘手的问题……有人说,孩子们遇到我是幸运的,而我想说,我今天所拥有的一切都是孩子们给予的,是他们给我提供了思考、想象、成长、进步的空间和平台,遇到他们我是幸福的。

教师成长的法宝——善思

"学而不思则罔,思而不学则殆。"教学中,我常常用这句话来激励孩子们做一个善思会学的人,其实无形之中也是在鞭策自己,只有老师不断学习,不断更新自己的思想方法、观念,才能永远在孩子心中立于不败之地,所以读书、学习成为我生活的一部分。也许是读的书多了,遇到棘手的问题我不再一遍、两遍甚至十几遍地重复讲,而是多了一些思考。有人说,老师不是知识最多的人，而是最善于将知识转化的人。我想，如果孩子听几遍都解决不了问题，一定是遇到了其思维局限，如果我们能将复杂的问题变得直观，那么就一定能帮助孩子解决问题，所以善思不仅是学生应养成的习惯，也是教师成长的法宝。以下是我教学中运用善思比较成功的案例：

"卫生纸"进课堂

卫生纸是我们的日常生活中不可缺少的用品之一，今天我们把它带进了数学课堂，成功帮助孩子们解决了数学问题，不仅让模糊、想象中的图形变得清晰，更让孩子们对相关知识有了更深刻的理解。

题目是这样的：压路机的前轮直径是2米，如果前轮每分钟转动6周，求压路机一分钟前进多远。

此问题如果是在学完圆柱的表面积后来解决，孩子们会易如反掌，可现在还没学圆柱的表面积，那么该如何解决呢？解决此问题的关键是让孩子们明白压路机前轮滚过的轨迹是一个长方形，长方形的长就是压路机滚动一周前进的长度，也就是前轮侧面圆的周长。我曾经用圆柱体物体在黑板上进行过模拟，让孩子们想象一下前轮滚过的轨迹是什么形状，大多数孩子都能想象出是个长方形，当然不是每个孩子的想象力都那么丰富，用什么物体来演示会留下痕迹呢？我在一瞬间想到了卫生纸，今天便大胆尝试一下。

孩子们看到我把一卷卫生纸贴到黑板上，便笑了起来，笑声中夹杂着"老师要干吗？这太可笑了吧！"的疑问。但随着卫生纸往前滚动的节奏，一个真真正正的长方形出现在孩子们眼前，那种原本想象中的长方形魔幻般地出现在眼前，孩子们不约而同地惊叫起来。

问题解决了，一卷卫生纸就能解决问题，这样的记忆一定不是瞬间就忘记得了的！

实验

题目如下：在底面直径为6cm的圆柱形玻璃容器中，加入10cm深的水，要在容器中竖直放入底面直径为2cm、高为15cm的圆柱体，此时水面有多高？

曾记得第一次讲这道题时，我费了九牛二虎之力，画图、口述，给孩子们讲水的体积不变，水的形状如何发生变化，引导孩子们发挥想象，可当我看到孩子们那一双双迷茫的眼睛时，答案已揭晓。也许我不厌其烦地重复给孩子们留下的印象是我曾经讲述过这类题，但要想达到理解、掌握的程度，一个字——难！

我想，这么长时间的讲述给孩子们留下的印象是——难，那么责任在我。我该如何做才能使这么难的一道题变得简单、有趣，便于学生接受呢？一刹那，我又一次想到了我的法宝——现场演示。因临时突发奇想，没有提前准备，我只好把水杯当容器，用笤帚把儿做里面的小圆柱，逗得孩子们哈哈大笑，不过笑过之后，孩子们的兴趣很高，一双双眼睛盯着水杯里的水神奇般地发生着变化。原本水在圆柱体容器里是一个实心的圆柱体，当我把另一个圆柱体放入后，因小圆柱体要占用一定的空间，便把水挤到周围，水面自然上升，水的形状变成一个空心圆柱体，水的体积没变，底面积是大圆柱底面积与小圆柱底面积之差，也就是环形面积。根据已有知识，水的体积除以环形面积就是此时水的高度。

效果图如下：

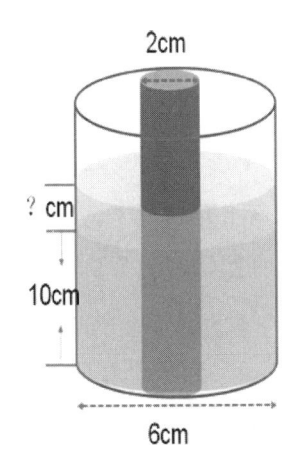

以后再次讲述此题，一开始就采用此方法，效果超级好，现场演示不仅能把用语言难以描述清楚的变化展示得直观、明了，帮助孩子理解，也能吸引他们的眼球，使课堂变得生动、有趣。

孩子学习的捷径——建一个属于自己的错题集

1. 作业本的重复利用

《学习与巩固》是配发给孩子平时学习所用的，全批全改是必须的，教师在批改时对全对的题目用一个圆滑的对钩表示，对做错的题目画斜线，改对之后再打对钩，形成一个生硬的对钩即可。当孩子再次翻开《学习与巩固》时，凡是有生硬对钩的题目就是自己曾经掌握不好的知识点，这样一本属于自己独一无二的错题集便自然形成。

2. 教材的重复利用

教材中出现的题目是编委会成员经过深思熟虑研究出来的，具有一定的代表性，所以用好教材，学生的基础知识绝对扎实，比题海战术这种伤人费力的方法有效得多。同事推荐了一种方法，极好，具体使用方法如下：

①选题。教师先把书中的典型习题进行选择、归纳，做到心中有数。

②交换教材。同桌两人互换教材，便于记录对方的错题页码和题号。

③教师念第几页第几题，指令"开始"，然后观察中等生完成情况，如果中等生已完成，就发下一个指令"换"（交换批改）。

④指定一名程度较好的学生专门念答案。

⑤公布答案后有错题的孩子先站起来。（这样做一方面可使老师明确了解学生对此题涉及知识点的掌握情况，看是否需统一再讲述；另一方面可让同桌把错题页码、题号记录在书的扉页上。）这样，一本属于学生自己的错题集就在书的扉页上有所记录。

⑥待全部完成后，除共性的题目由教师讲授外，其余的可由学生自己找小老师帮助讲述。

⑦学生逐个给老师讲错题，争取达到人人过关的目的。

当然，如果时间允许，平时一个单元重复利用一次，期末时再次利用效果会更好。

3.试卷的重复利用

考试后，学生试卷上出现的错误在教师讲述完之后不要急于改正，因为凭着刚刚听完的印象纠错，学生基本能纠对，但对这个知识点是否真正掌握，还不能妄下结论，所以我建议学生先不纠错，而是把所做试卷装订成册，待一段时间之后再来改正自己的错题，是否真的弄明白了，一做便知。

演草纸的运用——精细

数学老师教什么？引导孩子发散思维，挖掘孩子学习潜能，教会孩子学习方法，激励孩子学会求真，而这一切说起来简单，但做起来真的很难，至少今天的我还做不到这些，但这会成为我努力的方向。现在我能做到的就是培养孩子学会认真细致地完成每一次练习，我的方法就从每一张演草纸开始。

我规定学生每一次找老师批作业都要带演草纸，并达到我指住哪道题的哪一步，学生都能在演草纸上迅速找到的效果。目的一：演草纸的规范书写能提高计算的正确率。目的二：孩子们现在正学圆柱、圆锥的表面积与体积计算，每一题的结果要达到小数点后四五位，孩子们稍不留神就会出错，常常出现有些孩子辛辛苦苦计算几行可结果是错误的现象，这时我只好无奈地说一句："孩子，我好心疼你呀！"如果孩子有规范的竖式，我将和他一起检查是在哪一个环节出现了错误，便可减少孩子纠错的难度，不至于出现厌烦情绪。目的三：如果孩子的演草纸都能规范书写，那么孩子就一定能写好作业，从而培养孩子的精细度。

数学学什么？我学不会举一反三，学不会灵活机智，学不会开拓创新，但我学会了认真细致地对待每一项工作，这便是我的收获。

现在，我的学生基本上都已养成了认真书写的习惯，每一次演草都会有清晰的标注，我为孩子们骄傲，并希望他们在学习的道路上把这个好的习惯坚持下去，与理想一起前行！

学生的助长剂——激励

无论是成人还是儿童，被关注、被赞赏都会令自己内心欢喜，工作、学习会更加积极，所以，在平时的教学中，如果我们对孩子们的激励多一分，那么孩子们的懈怠就会少一分。为此，我想到了以下几种激励办法。

1.利用微信平台

当孩子的书写出现下滑现象时，我选择书写最认真的一次进行拍照，发班级微信群进行表扬，抓住他们渴望被表扬的心理，孩子的书写自然就规范认真了很多。

2.免写作业或免考试

对于当天在校的练习认真高质量完成的孩子，可减免当晚的作业。在期末练习中获得优异成绩的孩子可不用参与下一轮的测试，并且当别的孩子测试时，他可以做自己想做的事，且有资格参与下次的试卷批改工作。

梳理知识要点，将知识进行融会贯通

每年学校都会把一个年级组安排在一个办公室，便于平时教学工作的顺利开展，老师们在一起及时沟通教学中所出现的问题，及时解决较为棘手的问题。每周除使用常规教辅外，老师们还要轮流出一份试卷，主要是针对本周学习的内容，对知识点进行梳理与巩固。期末复习工作量较大，通常我们会先把知识点进行归类，例如行程问题、工程问题、圆柱圆锥、计算类等，进行专项练习，之后会根据知识点之间存在的联系进行挖掘。

漫天思雨

作为一名教育工作者，幸福工作、快乐生活既是对自己爱的体现，也是爱学生的前提。爱自己，无论多么繁忙，内心深处要有自己的一席之地，有一件一生都愿为之付出的事。我爱文字，喜欢用文字记录生活中所见、所闻、所想、所思。

包在饺子里的情感

昨晚回家,我打开冰箱想找点吃的,发现冰箱里多了两大袋东西,仔细一看是冻好的饺子。

电话铃响了,是婆婆打来的。

"下班了?我给你们包了些饺子,今天让你爸送去放你家冰箱里了,你们晚上煮一下就行。"

"我看到了。妈,拿得真多呀!够我们吃好几顿呢。"

晚上老公边吃饺子边说:"还是妈包的饺子有味道。"对于老公的看法我十二分地赞同。

婆婆包的饺子皮薄、馅儿多,不管是肉馅儿还是素馅儿,吃起来都是那么爽口。记得第一次去老公家,婆婆就是用饺子款待的我,那是我吃过的最好吃的饺子。结婚后,和婆婆提起此事,问她包的饺子有什么独门秘方,吃起来如此爽口,婆婆总是笑着说:"想吃我就多给你们做。"和公婆一起生活的那几年,每个星期天,一家人围在一起,边说笑边包饺子是最幸福的时刻。近两年,为了让孩子享受到更好的教育,我们从农村搬了出来。虽说街上大大小小的饺子馆比比皆是,但都不如婆婆包的饺子实在、有味道。

记得去年的冬至,婆婆调了很多饺子馅儿,想让我们回家。因老公厂里临时有事脱不开身，中午吃完饭后，婆婆让我和她一起又包了一些饺子。我有些不解："吃过饭了，怎么还包呀！"婆婆说："我们再包一些放在冰箱里，冻好后你带回去。"我知道，她是想让老公也尝尝。我笑着说："哪儿都有卖的，不用这么麻烦。他想吃买些就是了，你忙了一个中午，歇歇吧！"

"他就爱吃我包的饺子，买的也不实惠。"

想想这些年，是婆婆用饺子把我们这个家紧紧地包在一起，用她的韧性、她的执着让我们无论走多远，始终不忘家的温暖。想吃婆婆的饺子不仅因为它的好吃，更因为它有家的味道。

本篇发表于2013年12月17日《洛阳晚报》，略有改动

豆沙糕

今天陪妈妈逛街，走到卖豆沙糕的地方，我停住了脚步。在我的印象中，妈妈对豆沙糕情有独钟，她曾跟我说过我的姥爷就是卖豆沙糕起家的，所以在她小的时候真真儿地过了一把豆沙糕的瘾。

每年的三四月份，村里都时兴"门儿会"。比如，木庄村的"门儿会"是农历三月二十六日，西石罟村的"门儿会"是农历四月初四。一到这一天，会上就会有很多卖豆沙糕的，妈妈从不忘买块儿豆沙糕犒劳一下自己。

后来，因为家庭的变故，妈妈只能把豆沙糕当作一种奢侈品，每次路过卖豆沙糕的地方也只是看一眼就离开了。

知道妈妈好这一口，我和姐姐只要遇到卖豆沙糕的就会买一些捎给她。可每次拿到家，豆沙糕都被挤成一团儿，让人看了没有食欲。今天正好一起遇见，趁机多买一些让妈妈过一次瘾。

"妈，买点儿豆沙糕吧？"

"不要，走吧！"

"你不是最爱吃豆沙糕吗？"

"走吧！刚才我看了，这东西这么贵，吃着浪费。"

这下我才明白，虽然现在以妈妈的经济条件吃一块儿豆沙糕是再轻松不过的事了，可她已经勤俭了一辈子，在她的印象中，这还是奢侈品。

  我一边顺从了她的意思，一边偷偷地挑了一些，直到我们走远了，我才像变魔术似的把豆沙糕放到她面前。妈妈一路上欣喜地拿着豆沙糕吃，再次给我讲起了姥爷做豆沙糕的故事。

本篇发表于2014年6月25日《洛阳晚报》，略有改动

我家的核桃树

孩子两岁那年,公公在院里种了棵核桃树。刚栽的核桃树光秃秃的,一米多高,有拇指那么粗。看着这棵纤细柔弱的核桃树,我不禁说了声:"这么小的树,要等到哪一年才能吃到核桃呀!"

婆婆接过话说:"有苗不愁长,说不定明年就能吃到核桃。"

"明年?"我对这棵树毫无信心。

春天到了,核桃树上憋出几个叶苞,有着多年种地经验的公公给它施了一些化肥:"庄稼一枝花,全靠肥当家。如果不让它吃饱喝足,养一个好身体,它哪有劲儿结核桃呀!"

有了公公的悉心照料,核桃树的长势一发不可收,仅一年的时间就蹿到了两米多高,长势喜人。此时的核桃树让我觉得吃到它的果实不再遥远。

第二年春天,核桃树开花了,不仅枝繁叶茂,而且还结了两个核桃,这让我更加相信当初婆婆说的话是有道理的。有苗不愁长,这不仅是在说树,也是在说我的孩子。

以后的几年,核桃结得越来越多,从几个到几十个,无论结多少,婆婆都会给我们留着。婆婆说:"别看咱家的核桃小,可皮儿薄,还不夹仁儿,好吃。让孩子多吃点儿,补脑。"

今年迎来了核桃的大丰收,一棵树结了300多个核桃,我们刚进家门,婆婆就兴冲冲地跑进屋里给我们数核桃:"1个、2个、3个……每家先给你们100个。"

孩子接过核桃对婆婆说:"奶奶,您给我100个核桃,不会是想让我考100分吧!"

婆婆开心地说:"还是你懂奶奶。"

我家的核桃树,一棵能使人变得聪明的树。我期待我的孩子能像核桃树一样,积蓄力量,等待枝繁叶茂、硕果累累的那一天。

本篇发表于2014年9月17日《洛阳晚报》,略有改动

菜饺

淅淅沥沥的小雨下个不停，这非但没有影响我的心情，反而给我的心中增添了一丝兴奋。

因为这两年妈妈一直在帮别人种花，有时一两个月都不休息，我们要想见她一次，还需预约。如果妈妈干活儿的地方离家较远，中午就不能回家，约了也没有用；如果遇到下雨天，她就只能休息，我们便有了见面的机会。这不，今天就是一次绝好的机会，绝不会错过。

其实，我想妈妈，更想吃妈妈做的菜饺。妈妈做的菜饺外酥里嫩，皮儿还起着一层一层的泡泡，吃起来香而不腻。街坊四邻很多人都吃过妈妈做的菜饺，他们无一不为妈妈的手艺拍手叫好。或许正是有众人的肯定与赞赏，妈妈每次做菜饺时都非常自信，在她的心中，能为大家做菜饺就是最幸福的事。所以，今天我以想吃菜饺为由请妈妈到我家来，她爽快地答应了。

妈妈边做边给我讲："做菜饺最关键的一步就是做菜饺的皮儿。菜饺的皮儿用的是烫面，烫面的做法是先把水烧开，然后把面倒进滚烫的水中，关火，不停地搅拌，搅拌均匀后倒入适量的油，这样，无论怎样倒腾，面都不会黏，并且还很好吃，这是我多年的经验。"

我欣赏着妈妈娴熟的动作，听她骄傲地讲述制作菜饺的整个过程，仿佛自己又回到了小时候:我依偎在妈妈的身边,尽管觉得她是那么唠叨,可自己仍不愿离开半步。我多么希望时间能把我们永远定格在这个温馨的画面中,永远,永远……

本篇发表于2014年7月8日《洛阳晚报》,略有改动

听爸爸讲我小时候的故事

今天很高兴我们姐弟三人能相聚在一起，因为有各自的生活和工作，这样的聚会一年也没几次。

最高兴的应该是爸妈，他们虽忙得不可开交，却不嫌累，刚吃了午饭就又兴致勃勃地商量晚饭的事。我突然感觉鼻子酸酸的，爸妈之所以这么激动，还是因为我们相聚的次数太少，相聚的时间太短。

一家人围坐在一起，谈家庭、谈生活、谈工作。爸爸突然问我："还记得你上小学的事吗？那年你上二年级，爸爸问了你一个问题：'如果给你一只母鸡，你是让它下蛋，还是杀吃了？'你的回答是：'让鸡下蛋。'其实那时，我正在犹豫是否办砖厂，听了你的回答，我决定拼一把，谁知没能成功。从此，咱家的境况发生了翻天覆地的变化，就连你们姐弟三人的学费都是你们自己剥玉米卖钱交的。为了生计，我几乎天天在外面奔波。你骑的自行车的车胎破了，没有人给你修，是你自己学着补的，等你上初中时，补车胎已是你的强项了。还记得那个秋假，下着小雨，你和你妈、你奶正在往架子上吊玉米，突然玉米架子塌了，你的脖子被卡在墙上，连话都不能说，你奶奶满大街喊人才把你救下来。大家都说你是'大难不死，必有后福'。你看，你现在能生活得这么幸福，还正应验了那句话。那时咱家还喂了一头骡子，每天放学你都会到河滩给骡子割两大捆草，然后用自行车驮回来。如果有一天没割草，骡子就得断粮，你也会受到一顿批评或挨一顿打，好像这件事就应该你来做一样，现在想想真不应该那样，因为我们太忙，把你这个小孩儿当大人用了。"说着说着，爸爸突然停了下来，笑着问我，"小时候那么辛苦，你怪我吗？"

　　说真的，小时候的自己挺羡慕同学的：他们回家从来不用担心有没有吃的，用不用干活儿，写完作业就可以随便玩儿；而我就不行，虽然是老二，但姐姐把家里做饭的事包了，其余的事就得我干，那时弟弟还小。不过现在想想，姐姐的饭做得那么好吃，我如此结实、能干，跟特殊的家庭环境有关吧。我顺便把爸爸夸了一番："爸爸，我觉得你才是一位最懂教育的教育家，你用社会这个大课堂教我们长大，历练我们，让我们学会独立。"爸爸笑了，我们也笑了。

　　其实爸爸所说的这些事，我都历历在目，永远不可能忘记，因为它不仅记载着我曾经的辛苦，更记载着我成长的足迹。这弥足珍贵的记忆我怎能忘记？

二十四小时的感动

我静静地躺在分别了一天的家里,回想着二十四小时的匆匆旅行,品味着久别的重逢,惊喜、感动、幸福依然。

十四年了,我终于又见到了给予我关心帮助的班主任——隋老师。她依然年轻,看不出已是花甲之年;她永远都是那么热情,知道我要来,早早地备好好吃的,特意在家等候;她永远都是那么善良,对人、对事甚至对小区内的流浪狗都细心呵护;她永远都是那么真诚,虽然我已参加工作十几年,但她坚持要请我吃饭。饭后,我们一起漫步在公园的小路上,讲不完的心里话,叙不完的师生情。老师说:"我们的关系早已超越了师生,好似亲人。"我同意。

十四年了,我终于又见到了我的同桌及她的父母,叔叔阿姨曾经给予我特殊照顾,他们是我去洛阳后牵挂于心的人。阿姨的声音依旧甜美,只闻其声你难以想象她是一位六十多岁的老人。叔叔的厨艺不减当年,今日的土豆炖鸡块仍保留着往日的味道。我们谈起昨天,谈到未来,几个小时兴致未减。

此次回平顶山没想惊动太多同学,既不愿大家因为我的到来而影响工作,又不愿自己太受宠爱。我想静静地来,静静地离开。虽然同学们纷纷打电话挽留,可我实在不忍心让大家在一天的忙碌之后再来陪伴我,于是带着小小的遗憾选择了离开。

深入愉快的旅行了却了我多年的愿望；二十四小时的旅行让我感受到其实我们相距并不远；深入愉快的畅谈让我们的爱更深，情更浓！

生活甜点

我无意中听同事们说用高压锅可以做蛋糕,我也来了兴致。

下午下班回到家,我立马开始行动。先拿出4个鸡蛋,把蛋清、蛋黄分开;然后往蛋清中加少量的盐、一勺糖,用三根筷子不停地搅拌,直至蛋清呈泡沫状;接下来,在蛋黄中放入两勺糖、一盒奶、三勺面粉和一半搅好的蛋清并搅拌均匀,放入高压锅中,定好时间。

女儿看我忙得不亦乐乎,站在厨房中看着我坏坏地笑。

"你笑什么?"我莫名其妙地问。

"你做不成怎么办?"

"做不成,让你爸爸吃。"正在我热情高涨之时,孩子给我泼凉水,我装作生气地回了她一句。

"我猜你就会这样说,哈哈……"

说真的,这是我第一次尝试做蛋糕,心里既期盼又紧张。

几分钟后,蛋糕的香味已弥漫整个厨房,顿时我信心大增。时间在手指间轻轻滑过,终于听到"叮当"声,时间到了。第一次做的蛋糕会是什么模样?激动、紧张、好奇……为了给女儿一个惊喜,我没有让她和我一起来见证"奇迹",而是偷偷地自己先打开了锅盖。

"哇！宝贝，快看，快来呀！"我激动地跳了起来，真的不敢相信眼前这块儿细腻柔软、香浓诱人的蛋糕是出自我的手。

"妈妈，你成功了！我要吃，快让我尝尝！"女儿兴奋地蹦着、喊着！

我小心翼翼地用刀切开蛋糕，生怕破坏我作品的形象。女儿慢慢地把蛋糕送进嘴里："嗯！很甜，很柔软，很细腻，满口余香！"听女儿赞不绝口，我也拿起一块儿和她一起享用。

其实，我们的生活需要调剂。这些调节生活的原料不一定要很复杂、很昂贵，它或是一块儿你亲手制作的蛋糕，或是一杯香浓的奶茶，或是一杯清新的柠檬水……

一份心意，创造一种生活。一个举动，改变一种心情。

游隋唐

我到过隋唐城遗址植物园很多次，但大多数时候是有任务在身，故不敢过度放松。今日一家三口游隋唐，收获颇丰。

正是高温酷暑之际，游人们基本上都冲着园中溪流而来，深及膝盖的水最适合小孩玩儿，所以园中的每一条溪流都聚满了人。孩子们或站或爬或坐或拿着各式各样的水枪互相喷水，如此美妙的环境给他们带来了无尽的快乐。

"接天莲叶无穷碧，映日荷花别样红。"这是园中的另一番美景。赏荷花的人们围在荷塘周围，为塘中之物是荷还是莲而议论纷纷。我则忍不住为它们的出淤泥而不染而惊叹，时而驻足拍照，时而静站深思，眼前之景美不胜收。

曲折幽深的小道是我们今天最开眼界的地方。之前我曾多次游隋唐，但都是顺着主干道直奔目的地，今天在老公的带领下，我闯入形状奇特的植物群内。在深似迷宫的松柏丛中，我有幸欣赏到许多造型奇特的藤蔓和罕见的花草。我想起去年观鸟协会的阿姨曾告诉我此园中植物有一千多种，今日才知自己之前也仅是踏过这几千亩土地的一角而已。年年岁岁游隋唐，岁岁年年情不同。

两个小时走下来，累并快乐着。今日之游虽尽兴，但还是没有游完所有地方，全家协商一周后再次游隋唐，租车行进，感受曲径骑车之乐。

爱是不舍弃

在这个鲜花怒放的时节,我校全体师生和我们可敬的家长们欢聚一堂,共同庆祝我们的节日——六一儿童节。

今年的"六一"不仅把丰富多彩的节目转移到高大上的洛阳歌剧院进行,更是有激动人心的抽奖活动。抽奖活动分三次进行,每个年级抽出十名幸运观众,分别由我们的优秀家长代表进行抽奖。当主持人宣布今天的奖品是国际大马戏的马戏票之后,台下响起了雷鸣般的掌声,孩子们个个激动不已,都希望幸运之神能降临到自己的头上。

在大家的期盼中,终于轮到为我们这个年级的孩子们抽奖了。孩子们一个个伸长了脖子、竖起了耳朵,有的甚至用手掌按压住心脏,生怕这咚咚的心跳声淹没了主持人宣读名单的声音,激动万分地期待着每一个幸运者的降临。当听到主持人念到自己的名字后,中奖的孩子激动得手舞足蹈,旁边的孩子则投来羡慕的眼神,仿佛这个孩子就是当下最幸运、最幸福的天使。在场的我和孩子们一样,多希望幸运之神能快些降临到我班孩子的头上。

"五(1)班某某、五(6)班某某、五(4)班某某……"已经念到第七个人了,咋还没有我班孩子的名字?此时的孩子们紧皱眉头,有的甚至双手合十在念叨着什么。当主持人念到第八个人、第九个人时,我分明看到孩子们的情绪有些低落，此时，我多希望最后一个孩子是我们班的孩子，可随着孩子们的叹息声，我知道幸运之神要彻底地抛弃我班的孩子们了，此时的我和孩子们一样欲哭无泪。

抽奖结束后，孩子们用怀疑的目光看着我说："老师，您到底有没有把我们的票投进票箱里？"我想，如果不是亲自所为，我也怀疑票箱里是否有我们班的票。我知道，孩子们此时一定很失望，可活动已经结束，我们不得不面对现实。在失望无奈之时，我仍存一丝幻想，便不自觉地在学校微信群里发了这样一条信息："求同病相怜者，全班无一孩子被抽为幸运观众，多想学校能再给一次机会。"令我意想不到的是，我们这个倡导以人为本的教育团队，我们这个以爱育爱理念引领的团队，我们这个以爱为出发点的领导团队立马做出了给一、五年级各增加十名幸运观众的决定。听到这个振奋人心的消息，我迫不及待地告诉了孩子们，他们再次兴奋起来。

幸运之神终于降临，我们班获得了这个大奖，紧握着两张意义非凡的马戏票，我一路小跑地来到教室，告诉孩子们："幸运之神跟我们开了个玩笑，他怎舍得丢弃我们呢？他时时关注我们，关心我们，并且用行动指引我们，用爱滋润我们。他用事实告诉我们，任何东西都是来之不易的，我们要学会珍惜，懂得感恩，也希望我班的幸运观众能把你的激动、你的收获分享给大家，我们与你同乐，你与我们同珍惜！"

一念恨一念爱

"充电五分钟,通话两小时",如此有噱头的广告词如一双小手挠得我心痒痒,最终无法抗拒诱惑,购买了这部手机。可谁知它不仅大摇大摆地走入我的生活,还占据了我的心灵。因为它的便捷,它的灵活,它的智慧,让我爱它到不能自拔。

它的功能很多,但爱上它的理由只有一个。有人用它来玩儿游戏,有人用它来上QQ,有人用它来购物,有人用它来听歌,有人用它来刷微信……总之,绝非仅仅用它来与别人通话。我爱上它就是因为可以随时随地看电视剧,有网络的地方在线看,没网络的地方缓存看,半夜三更追着更新看,一边做饭一边看,打扫卫生时把声音放得很大很大,甚至上个厕所也忙里偷闲看。哪怕看得腰酸背痛,看得脖颈不能扭动,看得头昏脑涨也不放弃。总之,没有它,我的生活好似失去了光华。它的出现极大地满足了我一晚上看一部电视剧的需求。

然而,就在我不能自拔地看着泡沫剧时,心里突然有一种伤感、一种失落甚至是一种犯罪感。这半年来,因为它的出现,我的生活乱了阵脚,我对孩子失去了耐心,我对工作有了倦怠。我关闭手机,静静地矗立在书柜旁,看着眼前的一排排书,我怎么也不敢相信,这些书我是怎样一本本读下来的,自己曾经钻进书的世界去感受文学的魅力，积淀自己的知识，增加自己的文化底蕴，而如今的我颓废成今天这个样子。打开电脑，我又一次欣赏自己写下的文章，数百篇的豪言壮语，曾经给予自己多少正能量，而今也被抛在了脑后，然而这些都是因为它的出现。

我知道，爱上它不是它的错——它本身就是为服务大家而生的，而是我对它的滥用造成了我今天懈怠、颓废的样子。我该怎样好好地利用它，利用它的便捷，它的灵活，它的智慧？我突然想起朋友曾告诉我他在手机上下了一个word软件，特别方便随时随地记录生活感悟、学生课堂上的精彩发言、自己上课后的一些感悟等。对于对文字情有独钟的我来说，能最大化地利用它的优势，把自己所思所想所悟及时进行记录、编辑，也是不错的选择！这样想，就这样做，至今我已在手机上记录近三百篇教育随笔、心灵小语等。我闲来打开一遍遍重读，自我欣赏，自我陶醉。

一念恨一念爱，爱恨就在一念间。

生存与生活

朋友开了一家美容院，多次打电话让我去体验，可我说得最多的一句话是："太忙，路太远，没有时间。"朋友反驳说："只见你日理万机，却不见你生活质量有什么变化，女人要学会对自己好一些。"

朋友的这番话，我是赞同的。我也想对自己好一些，但我更清楚保养自己除了要有时间，还要经济条件允许。听着身边的女同事谈论如何保养自己，我不禁有些心动。

终于，在上个周六我带孩子一起去光顾朋友家的美容院。十几年的感情了，我们之间没有过多话语，朋友便开始给我提供全方位的服务。

朋友一边给我按摩脸部，一边叨叨着我脸上的斑："年纪轻轻，不好好保养，怎么把脸弄成这个样子！才三十出头，可看上去与四十多岁的人没什么区别。一天到晚只知道忙。今天脸成这样子，主要还是因为你体质不好。在你的心里，孩子要照顾，父母要孝敬，甚至姐家和弟家的孩子你都想着给他们买东西，可你什么时候想着给自己买点东西？拼命地赚钱，吃不舍得，穿也不舍得，你这辈子有几天是给你自己活的？"我理直气壮地反驳："我做得没错，有能力的时候不对身边的人好一些，等有效期过了，想做又做不了不同样后悔吗？我觉得这样的生活挺好，有亲人的挂念，有家的温暖，我很知足。"

朋友哈哈大笑,说:"你这也叫生活,确切地说你这叫生存。一个像牛一样只知道工作不知道享受的人,怎么能说自己过的是生活呢?"

想想自己现在的状态,也的确是为了生存。可没有生存作为基础,又何谈生活呢?这一点,朋友持不同的意见。她说这两年她接触的人比较多,这些人中,一些人挣钱并不多,可她们会爱护自己,心疼自己,另一些人尽管早已摆脱生存的限制,可依然努力奋斗,以争取有更大的事业。一个人会不会生活,并不取决于他挣钱多少,而是看他对生活的态度。

回来的路上,我再次思索朋友的这番话。朋友的话不无道理,一个人得对自己好一点儿,但我想象当中的好,并不只是美容这一种途径。美容实现的仅仅是外表美,而我们可以通过锻炼身体、合理饮食来改善自己的体质。只有拥有健康的身体、积极的生活态度,才能更好地工作,才能更好地照顾身边的亲人。

最珍贵的礼物

晚自习后回家,路上好冷,十一月的晚上即便没风也凉意袭人,骑在电动车上的我不禁打了个寒战,头尽量往衣服里缩。

"妈妈,你很冷吗?"

"是。"

"我穿的是冲锋衣,一点儿都不冷。"

"那就好!看来这件衣服买得值了。"

"你在后面干吗?别乱动,再动我的车就骑不稳了。"我着急地对女儿喊。

"噢!我知道了。"

听着孩子的回答,突然感觉有东西扑到了我的背上,吓得我赶紧扭头看。

"妈妈,别动,我用手把衣服摁在你的背上,这样就不会掉下来了,或者我抱住你,这样衣服也不会掉下来,我们也都不会冷。"

一刹那,我的眼眶湿润了,原来刚才孩子在车后晃动是在为我脱下她的衣服。脱下外套的孩子仅仅穿了一件保暖衣,怎能抵御夜晚的寒冷?然而善良的孩子在这一刻完全忘记了自己,有这样贴心的女儿是我一辈子的福气!

晚上到家,我把女儿送到楼上,去楼下理发店剪头发。剪完头发后已是九点半，准备上楼却发现楼道门已锁上。我想着女儿年龄太小，不会开楼道的门，就给老公打电话，他要二十分钟后才能到家，我便与楼下饭店的老板娘闲聊以打发时间。

"丁零零……"电话响了，是女儿打来的。

"妈妈，你什么时候回来？"

"过一会儿吧！楼道的门锁了，我没带钥匙，上不去。"

"我去三楼找阿姨帮忙开门，你等着。"

"不用了，一会儿你爸就回来了。"挂了电话我继续与老板娘闲聊。

几分钟后，楼道的门开了，我探过头去发现女儿的头也从楼道里探出来："妈妈，回来吧，我找三楼的阿姨把门打开了，楼下太冷，我想让你早些回来！"

女儿的话如一股暖流传递到我全身的各个器官，如痴如醉之时我紧紧把女儿搂入怀中……

　　　　　本篇发表于2014年11月17日《洛阳晚报》，略有改动

幸福的妈妈

办公室一同事感叹说:"做老师好难!"我随口接起说:"做妈妈更难!"同事马上回应:"我同意!"

有道数学题不会做?放心,有妈妈!有个单词想不起来了?放心,有妈妈!有段阅读理解看不懂?放心,有妈妈!有张手抄报搞不定?放心,有妈妈!有件白衣服染上颜料了?放心,有妈妈!妈妈是不是很能干?这么能干,连妈妈自己也没想到,想不佩服自己都不行呀!

上面的文字真实地反映了妈妈们的生活。在外,妈妈是追求卓越的工作狂;在家,妈妈是身兼数职、全能型的高级保姆!

一代一代的妈妈们就是这样延续下来的,正是因为妈妈们的事无巨细,任劳任怨,才造就了今天无数关于妈妈们的动人故事。

妈妈们有如此出色的今天,靠的是什么支撑呢?是孩子呱呱落地的那一刻起她们所要肩负起的责任;是孩子成长中带给她们的每一次欣喜;是孩子有一点进步时她们所看到的希望;是孩子关心她们时她们内心的感动,并发誓加倍对孩子好的决心……

如此庆幸自己是一位妈妈,并能在妈妈的岗位上履行自己的职责,享受付出的快乐!

爱的港湾

孩子，还记得你上学的第一天吗？妈妈紧紧地攥着你的小手始终不敢松开。那时的我心里好怕，害怕你刚刚步入这个拥有两千多名学生的校园里，我一松手你就找不到妈妈；我害怕如果不把你亲手交到老师手里，你会找不到自己的班级；我害怕你刚刚告别幼儿园生活，还不能一下子适应新的环境；我害怕你不会和同学相处，因此而受到伤害……

然而，当我拉着你的手进班时，两位班主任早已站在讲台上迎接你的到来，看到你先是一句"早上好"，之后便是一个紧紧的拥抱。此情此景，使我原本的担忧一下子烟消云散。也正是老师们对你真诚的爱使第一天入学的你竟笑着对我说："妈妈，再见！"没有看到你有丝毫的恐惧。

每次放学，你吧嗒吧嗒的小嘴总能带给我安心，因为无论是谈起学校的活动还是你的老师或同学，你总是笑得很开心。从你的笑容里，我能感受到你在学校生活得很快乐，你很爱你的班级，爱这所学校。记得有一次，妈妈在家里做了寿司，你二话不说拿出保鲜盒装了起来，我好奇地问你要带给谁，你想都没想就告诉我："给我的老师呀！老师每天那么辛苦，我得给她带点好吃的。"

至今，我都庆幸自己当初把你送到这所学校，因为在这里你不仅学到了知识,更懂得了感恩。记得那年母亲节,为了给妈妈惊喜,你拿出自己所有的零花钱到花卉市场给妈妈买了束康乃馨。当妈妈收到你送的鲜花和精心设计的贺卡时,我的眼眶湿润了,贺卡上那行还不太成熟的字"妈妈我爱你!祝你节日快乐!"是我收到的最好的礼物!

这几年来,在北京第二实验小学洛阳分校"以爱育爱、爱育精彩"理念的指引下,学校的各个方面有了日新月异的变化。教学中"精彩两分钟"的实行给孩子们提供了更多展示自己、锻炼自己的机会,而你正是这项活动的最大受益者。你在活动中脱颖而出,幸运地站在全区领导和老师面前做"精彩两分钟"的展示。妈妈知道,你的精彩背后是老师无数个日日夜夜的辛勤付出,从图片的选取、课件的制作到语言的表达,都离不开老师的指导和关爱。也正是有了这无私的爱以及传递爱的精神,我们北京第二实验小学洛阳分校才能一次次书写师生的精彩、学校的精彩。

孩子,我相信你会永远记得给予你关心和爱的老师们,记得给你提供这方舞台成就你的精彩的母校。这里就是爱的港湾,愿我们的学校在爱的大道上阔步前行!

一起走过的日子

仿佛昨天,

我们还在秋的清晨迎接你们的到来;

然而今天,

却在夏的午后梳理我们创造的精彩。

来不及回头,

就已经成为过去,

那些一起走过的日子,

终将成为我们心中最美的回忆。

仿佛昨天,

我们还在期盼你啼哭的声音;

然而今天,

你已成为拥有绚丽多彩梦想的少年。

来不及温存,

就已经过去,

一起走过的三千多个日日夜夜,

终将成为我生命中最美的回忆。

仿佛昨天，

只能在梦里渴望与你相遇；

然而今天，

我可以踌躇满志地与你牵手相依。

时光匆匆而过，

来不及细细品味，

就已经过去，

那些清泉般纯净甘甜的文字，

终将成为我生命中最好的慰藉。

我的青春我做主（代后记）

在杂志上"闲逛"，无意中看到这样一篇文章——《我的青春价值几何》。还没来得及细品文章的内容，我已被这个题目搞得鼻子酸酸的，心里一遍又一遍地问自己：我的青春价值几何？

从教以来，心中始终压着一座大山——我是一名代课老师，仅仅是一名代课老师而已。虽然我与很多在编老师没有能力上的差别，我也坚信每一分付出都不会付诸东流，然而因为我是代课老师，我不能享受到在编老师所享有的待遇；因为我是代课老师，我更害怕学校领导拿我当一名随时都可以离开的雇员看待；因为我是代课老师，我更加珍惜自己每一次学习的机会；因为我是代课老师，荣誉和证书显得可有可无；因为我是代课老师，当其他老师谈起工资或喜或忧时我只能沉默；因为我是代课老师，当我的孩子问我与别人的不同时，我无言以对……看着自己日渐老去的容颜，感受自己越来越差的身体素质，恐惧感油然而生。越来越力不从心的自己，思想仿佛变得狭隘起来，心态好似不如从前。

我试图调整自己的心态，重读于丹等作家的经典作品，一遍遍地读，一点点地品味，我的心慢慢得到净化。受纯净之美的影响，我顿觉释然，如果无法拥有珍珠般的亮泽、宝石般的璀璨，就要学会保持一粒沙的心境——平和、谦恭。一番周折，几经思考，我重新定位自己。也许我今生无法脱掉代课老师这顶帽子，那么就做一名有尊严的代课老师，努力打造自己的核心竞争力，在教育这方热土上大大地写上"代课老师"这四个浸润着心血和汗水的字吧。

我从读书开始，积累经验，沉淀知识。《给教师的一百条建议》《班主任兵法》《在爱中行走》《以爱育爱》《民主与教育》《做一名优秀的班主任》《童年的秘密》等这些教育书籍成为我的精神支柱和治班法宝。读到有关班级管理中一些好的创意、与学生沟通中值得借鉴的技巧我会及时把它记录下来，再试着运用到自己的班级管理中。

如果说读书能丰富我的知识，开阔我的眼界，平和我的心境，使我遇事宠辱不惊，那么写作是对我思想和认识的一次次提升。为了尽快了解孩子，走进孩子的心中，我用心观察孩子们的一举一动，写下孩子们的成长故事；为了使自己在处理学生问题时更合理、更有效，每处理完一个问题我会尽快梳理自己的处理方法，努力做到以尊重孩子生命成长的规律为前提；课堂上最美的风景是学生，当我欣喜地看到孩子们数学课上精彩的表现时，总会忍不住第一时间记录下孩子精彩的发言，之后再反馈到班级群，如此良性循环，使我的孩子们越来越智慧，越来越有创造力……心不静，幸福就来不了，慢慢地我学会用写作与自己的心灵对话，在纯净的世界里享受我的精彩、品味我的人生……当我把和孩子们的故事用照片、文字记录下来的时候，留下的不仅仅是他们的青春岁月，更是自己成长的足迹。

如饥似渴地读书，废寝忘食地写作，专心致志地思考，翻来覆去地琢磨，从模仿、创新到形成自己的思想，这其中我投入了大量的时间，经历了太多的痛苦。然而当我翻阅自己数千篇的教育随笔，欣赏和孩子们一起创造的精彩故事时，成就感油然而生。今天，我斗胆从自己众多的文章中精选出一部分装订成书，愿与大家一起分享，希望我的想法、做法能对您的班主任工作或教学工作有所帮助。

回顾自己的教育历程，从一名稚嫩的数学老师成长到今天无论在教学还是班级管理方面都小有成就者，我真诚地感谢我的父母和朋友们对我的支持、鼓励，感谢北京第二实验小学洛阳分校的领导和家人们对我的厚爱，感谢我生命中的引路人张胜辉校长。在我悲观、失落时，他安慰我："你只管做好你自己，付出一定会有收获。"在我遇到困难想放弃时，他鼓励我："困难对于别人来说可能是绊脚石，而对于你来说一定是垫脚石。"当我第一次上完一节研讨课后，他为我惊人的成长速度感到骄傲，激动地写下长长的文章；当我和"黄金搭档"潘超超老师在班级管理上有一点想法时，他及时肯定我们的想法并鼓励我们大胆创新；当我的文章上报时，他第一时间发来短信："祝贺你，妹妹！看到你的文章又一次上报，我真为你骄傲！"正是他和家人们对我的一次次鼓励，给我搭建了一个个学习的平台，使我真切地感受到在学校这个温暖的大家庭里我永远不孤单。我热爱这个创造力、成长力十足的集体，也定会积极努力、大胆创新，做一名智慧的使者，抓住这稍纵即逝的青春年华，奏响属于自己的青春之歌。